RAUM auf ZEIT

Temporäre Interventionen im öffentlichen Raum

Band vier

Willem-Jan Beeren   Ulrich Berding   Florian Kluge

mit einer Einführung von Antje Havemann
und einem Geleitwort von Klaus Overmeyer

Impressum

© 2016
RAUMaufZEIT. Band 4.
Temporäre Interventionen im öffentlichen Raum.
Willem-Jan Beeren, Ulrich Berding, Florian Kluge
Mit einer Einführung von Antje Haveman und einem
Geleitwort von Klaus Overmeyer.

www.raumaufzeit.eu
post@raumaufzeit.eu

Layout & Design:
Claudius Bäuml
claudius.baeuml@googlemail.com

Verlag:
Willem-Jan Beeren, Gennerstr. 4, 50374 Erftstadt
Ulrich Berding, Goebenstr. 14, 30163 Hannover
Florian Kluge, Kapitelstraße 17, 52066 Aachen

Bibliografische Information der Deutschen Nationalbibliothek: Die Deutsche Nationalbibliothek verzeichnet diese Publikation in der Deutschen Nationalbibliografie; detaillierte bibliografische Daten sind im Internet über < http://dnb.d-nb.de > abrufbar.

ISBN 978-3-00-055253-3

ÜBER DIESES BUCH

Mit der Herausgabe dieses vierten Bandes unserer Buchreihe „RaumAufZeit. Temporäre Interventionen im öffentlichen Raum" setzen wir die Veröffentlichung und Dokumentation von Projekten fort, die wir in den vergangenen Jahren in unterschiedlichen Konstellationen initiiert, entwickelt und umgesetzt haben.

Der dritte Band mit dem Untertitel „Reflexionen – Positionen – Haltungen" (2015) war einer theoretischen Standortbestimmung gewidmet - als Ergebnis eines Symposiums von Interventions-Experten. Im vorliegenden vierten Band geht es nun – wie in den ersten beiden – wieder um konkrete Interventionen: Anhand elf neuer Projekte im urbanen oder ländlichen Kontext soll die stetig wachsende Projektzahl und -vielfalt dokumentiert und der Entwicklungsprozess in unseren Werken untersucht werden.

Allen gezeigten Projekten gemeinsam ist der Versuch, öffentliche Räume künstlerisch zu untersuchen, ihre Themen zu identifizieren, verborgene Potentiale zu heben und den spezifischen Raum durch temporäre Eingriffe zum Sprechen zu bringen. Da fast alle Aktionen im Rahmen von Hochschulveranstaltungen durchgeführt wurden, dokumentieren sie zugleich unsere Absicht, neue Lehr- und Vermittlungsformate durch Reallabor-Situationen zu entwickeln und zu erproben.

Die elf in diesem Band vorgestellten Projekte zeigen einerseits neue Orte, kollaborieren mit neuen Partnern und arbeiten mit neuen Materialien. Andererseits wenden sie altbewährte Prinzipien, Methoden und Gestaltungsmittel an.

Der Prozess der gemeinsamen Entwicklung ist jedes Mal wieder spannend und das Ergebnis jedes Mal ein anderes.

Den Projekten vorangestellt sind zwei Texte zur Einführung:

Antje Havemann ordnet in ihrer Einleitung die vorgestellten Projekte und das Konzept „RaumAufZeit" in einen großen kulturgeschichtlichen Zusammenhang ein.

Klaus Overmeyer beschreibt in seinem Geleitwort den Nutzen der künstlerischen Entdeckungspraxis, begrüßt die aktive Einmischung künstlerischer Projekte in die Stadt- und Raumentwicklung und wünscht sich weitere Mitstreiter für eine akteursgetragene Entwicklung.

Möge dieses Buch einen Beitrag dazu leisten.

Willem-Jan Beeren Ulrich Berding Florian Kluge

INHALT

Über dieses Buch	3
Inhalt	4
Geleitwort	6
Einführung	10

PROJEKTE

Waldlabor	22
international gold	36
HIGH.LIGHTS	48
Dingdener Goldhaus	60
unter Strom	74
STRUKTURwandel Oberhausen	86
NetzWerk	100
Pilzwald	116
RE-AKTOR	128
IHMprEssionen	140
Dialog der Häuser	156

Die Autoren	164
Literatur	166
Bildnachweis	168

GELEITWORT

Prof. Klaus Overmeyer

Klaus Overmeyer (*1968), gelernter Gärtner, Landschaftsarchitekt und Vordenker im Feld der nutzergetragenen Stadt- und Raumentwicklung. Gründer von Urban Catalyst ^studio^. Schwerpunkt des Büros liegt auf internationalen Planungs-, Forschungs- und Beteiligungsprojekten im Feld der räumlichen Transformation. Seit 2010 ist Klaus Overmeyer Professor für Landschaftsarchitektur an der Bergischen Universität Wuppertal.

KunstStadtPlanung

Seit den 1960er Jahren hat sich der Kunstkontext stark verändert. Neue Formen wie Fluxus, Pop-Art, Neo-Realismus und Landart entstanden und verließen den institutionellen Kontext der Kunst. Der Alltag wurde Ausgangspunkt von künstlerischer Produktion. Die Künstler thematisieren in ihren Projekten eine andere Art von Stadtwahrnehmung und setzen sich mit der Situation vor Ort und ihren politischen, sozialen, räumlichen oder ökonomischen Rahmenbedingungen auseinander. Dabei spielt die Stadt in ihren Ästhetiken, als Lebensumfeld oder als Experimentierfeld auf der Suche nach künftigen Modellen einer Überlebenskunst eine besondere Rolle. Die künstlerische Auseinandersetzung mit Stadt ist über vielfältige Projekte im Stadtraum im öffentlichen Bewusstsein mittlerweile sehr präsent.

Auch die in diesem Band zusammengestellten Raum-AufZeit-Interventionen stellen ein beeindruckendes Kompendium zeitgenössischer Rauminterventionen dar, die an die Tradition künstlerischer Praktiken jenseits der bestehenden Kulturinstitutionen anknüpfen. Gerade die enge Verbindung zu Ausbildung und Lehre an den Hochschulen eröffnet ungeahnte Möglichkeitsräume, bislang unerkannte Potenziale der Raumwahrnehmung und -nutzung experimentell aufzuspüren.

Auch wenn sich manche Künstler vehement gegen jegliche Form der Instrumentalisierung sträuben, so liegt der Nutzen der künstlerischen Entdeckungspraxis für andere Raumdisziplinen auf der Hand. Besonders in Situationen, in denen die Planung in der Krise steckt, nicht mehr mit den herkömmlichen Mitteln weiterkommt, können künstlerische Interventionen helfen, über einen Perspektivwechsel wieder eine aktive Rolle einzunehmen, neue Leute an Bord zu bekommen und geänderte Ausgangsbedingungen zu schaffen, die alternative Wege und Entwicklungsmodelle ermöglichen. Peter Weigand und Lukasz Lendzinski vom Stuttgarter Büro umschichten beschreiben ihre Position als Künstler und Stadtmacher so: „Der kulturelle Kontext erlaubt uns künstlerische Freiheit und Herangehensweisen, die in der Planung so nicht möglich sind. Wir können subjektiv arbeiten und müssen uns an keine generalisierte, scheinbar objektive Methodik halten, sondern können auf Eindrücke und Informationen in der jeweiligen Situation individuell und sensibel reagieren. Wir versuchen abzufragen, was einen Ort besonders macht: sowohl in seinen sozialen Strukturen, seiner geschichtlichen Aufladung, Symbolik und Bedeutung, als auch in seiner baulichen Beschaffenheit – auch absurde Elemente können hierbei zu wichtigen Entwurfsparametern werden." Ein wesentliches Ziel künstlerischer Projekte im Stadtraum ist das unmittelbare Sichtbarmachen von Wünschen, Bedürfnissen und Konflikten. Da sie temporär ausgerichtet sind, sind sie schnell und direkt umsetzbar – gleichzeitig sind die Ergebnisse aber auch reversibel, d.h. die Vorschläge können und dürfen auch scheitern. Das Erproben ist dabei wichtiger als das vermeintliche Versprechen einer absoluten, scheinbar zu Ende gedachten Lösung.

Die zunehmende, aktive Einmischung künstlerischer Projekte in die Stadt- und Raumentwicklung ist nur zu begrüßen – nicht nur in der erweiterten Wahrnehmung und Beurteilung von Raumtransformationen, vor allem auch, wenn es darum geht, Mitstreiter für eine akteursgetragene Entwicklung zu finden und zu organisieren. In diesem Sinne wünsche ich allen Aktivisten der RaumAufZeit-Projekte weiterhin viel Mut, neue Raumsichten und -eroberungen künstlerisch anzustiften.

EINFÜHRUNG

Dipl.-Ing. Antje Havemann
*1971, Dipl.-Ing., M.A., Studium der Landschafts- und Freiraumplanung in Hannover, Ergänzungsstudium „Museum und Ausstellung" in Oldenburg. Seit 1998 freiberuflich als Autorin, Lektorin und Wissenschaftlerin tätig. Sie arbeitete in vielen Projekten an der Schnittstelle zwischen Stadtforschung, Landschaftsplanung und Kunst; z. B. als Kunstvermittlerin für die Stadt Aachen im Rahmen der EuRegionale 2008. Im DFG-Forschungsprojekt „Stadträume in Spannungsfeldern" an der RWTH Aachen forschte sie zur Entwicklung öffentlich nutzbarer Stadträume in Spannungsfeldern öffentlicher und privater Aktivitäten. 2011 war sie Mitgründerin von stadtforschen.de. Von 2012 bis 2014 Tätigkeit als wissenschaftliche Mitarbeiterin im Wissenschaftsmanagement am Fachbereich Gestaltung der FH Aachen. In zahlreichen Veröffentlichungen beschäftigte sie sich mit Fragen der partizipatorischen Kunst, öffentlichen Räumen, Inszenierungen, Landschaftsarchitektur und temporären Projekten.

Unterwegs in der vierten Dimension – Oder: kleine Störungen im System

Come senators, congressmen
Please heed the call
Don't stand in the doorway
Don't block up the hall
For he that gets hurt
Will be he who has stalled
There's a battle outside and it is ragin'
It'll soon shake your windows and rattle your walls
For the times they are a-changin'

(Bob Dylan, 1963/64, The Times They Are A-Changin')

Die Zeiten ändern sich – das klingt zunächst nach der Wiederholung einer Platitude. Das Dylan-Zitat, mit passender Gesangsnachimitation selbst Gegenstand unzähliger Parodien, transportiert jedoch immer noch den Geist des Aufbruchs und Neuanfangs, der Urgewalt, die entfesselt alles mit sich reißt, was ihr im Weg steht. In der dritten Strophe des Liedes geht es ganz konkret um das Etablierte, besonders um den gebauten Raum. Die Hallen und Eingänge sollten besser freigehalten werden für das Neue, das in alles einvernehmender Energie an Fenstern rütteln und Mauern einreißen und mit ihnen auch die etablierten Strukturen und Systeme, im Lied repräsentiert von den Senatoren und Kongressabgeordneten, umkrempeln wird. Der feste, gebaute Raum wird keinen Schutz mehr bieten; wer den Aufruf nicht hört und den Status quo nicht aufgibt, wird hinweggefegt von der Dynamik und dem zwingenden Vorwärtsstreben neuer Möglichkeiten. So kämpferisch wie in den zitierten Zeilen von Bob Dylan geht es in den RaumAufZeit-Projekten nicht zu. Sie stehen allerdings, und das schwingt in der Interpretation der Werke unterschwellig immer mit, in der Tradition der künstlerischen Avantgarde der 1960er/70er Jahre. Diese Tradition ist per se politisch verpflichtend, sprengt sie doch ganz bewusst Systemgrenzen und (räumliche) Ordnungen. Es ist eine große, viel diskutierte Frage, ob Kunst politisch ist, sein kann, sein darf, sein muss. Meist zielt diese Frage auf das Motiv des jeweiligen Kunstwerkes oder den biografischen Hintergrund des Künstlers. Kunst ist jedoch in einem viel größeren Maßstab politisch, nämlich als Ausdruck gesellschaftlichen kreativen Schaffens zu einer bestimmten Zeit an einem konkreten Ort in einem nachvollziehbaren Kontext.

In seinem berühmten Aufsatz „Das Kunstwerk im Zeitalter seiner technischen Reproduzierbarkeit" beschreibt Walter Benjamin, dass jedoch auch die „autonome" Kunst der Moderne kaum unabhängig genannt werden kann. Benjamin stellt fest, dass der ursprüngliche Traditionszusammenhang von Kunstwerken der kultische Gebrauch war: „Der einzige Wert des ‚echten' Kunstwerks hat seine Fundierung im Ritual, in dem es seinen originären und ersten Gebrauchswert hatte." (Benjamin 1963, S. 16) Den Ritus lege das Kunstwerk aber auch in säkularisierten Zusammenhängen nie ganz ab. Benjamin wendet sich hier direkt gegen das Konzept der autonomen Kunst, die sich in Reaktion auf die Verbreitung der Fotografie bilde. Schon im Ästhetisierungstrend der Renaissance, in der „Lehre vom l'art pour l'art" sieht er eine neue „Theologie der Kunst", die sich jeder sozialen und

historischen Verantwortung entzieht und weiterhin, wenn auch im säkularen Rahmen, durchaus noch Anklänge an rituelle Funktionen hat. Die massenweise Reproduktion eines Kunstwerkes bricht jedoch diesen Bogen, indem sie das Kunstwerk „zum ersten Mal in der Weltgeschichte von seinem parasitären Dasein am Ritual" emanzipiere (Benjamin 1963, S. 17). Vor diesem Hintergrund stellt der Autor die These auf, dass an die Stelle der rituellen Funktion des Kunstwerkes eine politische trete. Benjamin schreibt den Aufsatz 1935 unter dem Eindruck der faschistischen Nazi-Herrschaft, die sich die Kunst als Mittel zur Festigung ihrer Politik zu eigen macht. Wenn Benjamin von der Politisierung der Kunst spricht, ist dies auch als Opposition zur Ästhetisierung und Mystifizierung der Kunst unter den Nationalsozialisten zu verstehen. Die Vorstellung einer wirklich aufgeklärten Kunst, die nicht Träger mystischer Verklärungen ist, sondern fern von einer verdeckten kultischen oder rituellen Funktion offen soziale, aufklärerische Funktion übernimmt, wollte Benjamin im Sozialismus verwirklicht sehen. Allerdings wurde de facto auch im sozialistischen System die Kunst schnell zum politischen Instrument, das nur im Einklang mit der herrschenden Partei hergestellt und rezipiert werden durfte.

Die Abkopplung vom Ritus ist offenkundig oder unterschwellig immer noch ein Thema des Kunstsystems. Der von Benjamin etablierte Begriff der „Aura", gegründet auf den Begriff der Echtheit eines Kunstwerkes, wird in diesem Zusammenhang oft zitiert und genauso oft falsch verstanden. Benjamin definiert die Echtheit eines Kunstwerks als „Hier und Jetzt des Kunstwerkes – sein einmaliges Dasein an dem Orte, an dem es sich befindet" (ebd., S. 11). Raum und Zeit machen also die Aura, den materiellen Wert und auch ideellen Wert des Kunstwerkes aus. Wenn Benjamin in der Folge vom „Verlust der Aura" schreibt, so meint er das positiv, im Sinne einer Befreiung von der Aura, vom Diktat der Echtheit, Einzigartigkeit und dem damit zusammenhängenden Traditionswert. Durch die massenweise Reproduktion eines Kunstwerks kann dieses immer wieder in verschiedenste aktuelle Zusammenhänge gestellt werden und ist einer breiten Öffentlichkeit zugänglich. Benjamin ging davon aus, dass sich durch die neuen technischen Möglichkeiten ein Wandel vollzieht vom subjektiven, mystischen Kultwert der Kunstwerke hin zu einem rationalen, aufgeklärten Kunstverständnis. Das Gegenteil trat jedoch ein. Die Loslösung des Kunstwerkes von seinem traditionellen Zusammenhang und die ständige Aktualisierung von Reproduktionen sind zwar festzustellen, haben jedoch die Idee der „Aura" erst richtig in Wert gesetzt und nicht, wie Benjamin hoffte, sie überflüssig werden lassen.

Dieses In-Wert-Setzen geschieht über die Ästhetisierung der Ausstellungsräume und Ausstellungsstücke. Exponate werden wie Schmuckstücke präsentiert – einzeln unter Glas, auf Samt. Bilder werden mit viel Abstand und Weißraum gehängt. Je mehr Weißraum dem Bild zugestanden wird, umso wertvoller ist es. Ästhetisch ist diese Entwicklung einfach nur ein neuer Trend, politisch ist sie weitaus bedeutender: Im Ausstellungsraum deutet nichts mehr auf den Kontext oder die Geschichte des Bildes oder des Exponates hin. Gerade aufgrund der Möglichkeiten der massenweisen Reproduktion entwickeln sich die Ausstellungsorte also von lebhaften Diskussions- und Lernorten hin zu Orten der stillen Verehrung. Was in diesen Räumen ausgestellt wird, präsentiert sich als unantastbar. Dieses Gebundensein der Kunst an einen alles vereinheitlichenden Ort wirkt sowohl auf die Betrachter als auch auf die Definition dessen, was Kunst ist, irritierend: außerhalb des schützenden Raumes bleibt manches Kunstwerk als solches unerkannt, andererseits überträgt sich innerhalb des Ausstellungsraumes die erhabene Stimmung und Reflexion auf einfache Gegenstände, z. B. einen Feuerlöscher. Alles, was im weißen Galerieraum zu sehen ist, steht automatisch im Verdacht, ein Exponat zu sein, da der Galerieraum die Kunst „macht". In seinem Buch „Inside the White Cube – The Ideology of the Gallery Space" vertritt Brian O'Doherty die These, dass der Ausstellungsraum heute wichtiger geworden ist als die ausgestellten Bilder und die Betrachter selbst. Ad absurdum geführt sieht der O'Doherty dieses Ideal in dem Ausstellungsfoto, das den Raum mit den fertig gehängten Bildern ohne störende Betrachter festhält. Der Ausstellungsraum wird so zum gemiedenen Raum, er genießt nur eine ganz eingeschränkte Öffentlichkeit, nämlich die, die es sich leisten kann, die ausgestellten Kunstwerke auch zu kaufen.

O'Dohertys Text steht im Zusammenhang mit der in den 1960er Jahren aufkommenden Kritik am etablierten Kunstmarkt und am geschlossenen Ausstellungswesen, die Künstler der Concept-Art und der Land-Art dazu veranlasst, aus ihren Ateliers aufzubrechen und diese in die städtische Peripherie bzw. in die Landschaft zu verlegen (Hoormann 1990, S. 83).

Damit verbunden ist der Versuch, eine größere Öffentlichkeit anzusprechen, sich aus dem beengenden Schutzraum der städtischen Galerie in die „Wirklichkeit" zu begeben. Museen und Galerien sind auch heute noch Räume eingeschränkter Öffentlichkeit, die den Besuchern eine ganz bestimmte Haltung abverlangen und noch immer den Eindruck von „heiligen Hallen" vermitteln. Allein das Wort „Kunst" erweckt immer noch den Anschein von Elite; Kunst ist das, was nicht allgemein verständlich, sondern einer kleinen, eingeweihten Gruppe vorbehalten ist. Sichtbar – und zwar tatsächlich sichtbar – wird dies, wenn Kunst versucht, in den allgemein öffentlich genutzten, meist städtischen, Raum vorzudringen. Dort sind Künstler direkt mit den vielfältigen Öffentlichkeiten städtischer Räume konfrontiert. Der öffentlich zugängliche Stadtraum ist keiner einzelnen Institution vorbehalten, er steht als sozialer Funktionsraum zur Verfügung. Auch die Kunst muss sich hier in ihrer Funktion für die Öffentlichkeit legitimieren. (s. Büttner 1997) Im institutionellen Raum kann der Künstler auf ein verständiges, tendenziell wohlwollendes Publikum zählen. Im städtischen Raum ist die Frage, was das alles eigentlich soll, naheliegend. Kunst konkurriert hier mit anderen Funktionen und Nutzungen, die oft viel unmittelbarer sinnstiftend sind. Ein erstes Experiment in diese Richtung unternahm die Stadt Hannover 1974. Sie installierte unter großem Protest aus der Bevölkerung am Leibnizufer an der Leine drei „Nanas" von Niki de Saint Phalle. Die folgende Auseinandersetzung zwischen Stadtverwaltung, Befürwortern und Gegnern war Anlass für eine erste bundesweite Diskussion über die Bedingungen und Berechtigungen (moderner) Kunst im öffentlichen Straßenraum. Heute zählen die Nanas zu den Wahrzeichen Hannovers, Niki de Saint Phalle ist Ehrenbürgerin der Stadt Hannover. Das „Störfeuer" hat sich etabliert, war aber auch Anlass für viele weitere.

1977 fand zum ersten Mal die Ausstellung „Skulptur Projekte Münster" statt, die seitdem alle zehn Jahre wiederholt wird. Die hier gezeigten Projekte sind in situ für den Stadtraum Münster konzipiert. Die Bevölkerung reagierte anfangs ablehnend auf viele Kunstwerke und das gesamte Ausstellungskonzept. Mittlerweile haben sich die Skulptur Projekte Münster zu einem Besuchermagneten entwickelt. Die Stadt Münster hat viele der Werke nach der Ausstellung angekauft; so dass die Skulptur Projekte auch zwischen den Ausstellungsjahren erlebbar sind. Eine weitere Großausstellung, die ebenfalls umfassend die Idee von Kunst im Straßenraum verändert hat, ist die documenta. Einst als Begleitausstellung zur Bundesgartenschau in Kassel ins Leben gerufen, etablierte sie sich schnell zu einer der bedeutendsten Ausstellungsreihen für zeitgenössische Kunst. Einzelne Projekte auf der documenta beschäftigen sich immer wieder direkt mit dem Stadtraum. Als das prominenteste Projekt kann in diesem Zusammenhang sicherlich „7000 Eichen" gelten, das Joseph Beuys anlässlich der documenta 7 1982 startete. Unter dem Motto: „Stadtverwaldung statt Stadtverwaltung" regte Beuys eine großangelegte stadtweite Baumpflanzaktion an. Er lud zu Beginn der documenta 7 7000 Basalt-Stelen vor dem Fridericianum ab, mit dem Hinweis, dass die Stelen wieder verschwinden, wenn sie jeweils zu einer neu angepflanzten Eiche gesetzt würden. Die letzte Eiche wurde 1987 gepflanzt (Beuys starb 1986). Die 7000 Eichen stehen als eins der bedeutendsten Beispiele für Beuys „Soziale Plastik".

Eine deutliche Entwicklung im Hinblick auf die Rolle des Stadtraums fand bei der documenta IX unter der Leitung von Jan Hoet statt. Er weitete den Ausstellungsraum über die Karlsaue hinaus in die Innenstadt aus. Auf der documenta 10 präsentierte Catherine David einen Ausstellungsparcour, der die einzelnen Ausstellungsorte miteinander in einer didaktischen Abfolge verband. Den documenten 11, 12 und 13 stand damit ein deutlich größeres Repertoire im Umgang mit dem öffentlichen Raum zur Verfügung. Neben den etablierten Ausstellungsorten präsentierten sie weitere dezentrale und zuletzt internationale (documenta 13) Standorte. „Wir konstruieren einen Ort, an dem das, was Pierre Bourdieu ‚das Feld der kulturellen Produktion' nennt, mit der Öffentlichkeit verschmelzen kann. Das ist der beste denkbare Plan für eine documenta." (Okwui Enwezor)

Die Auseinandersetzung mit dem städtischen Alltag war auf der documenta 11 ein sich wiederholendes Thema. Dabei ging es nicht nur um Architekturfotografie und -entwürfe, sondern auch um die Gestaltung des Zusammenlebens im öffentlichen und gemeinschaftlichen Raum. Zwei Arbeiten, die sich ganz konkret damit beschäftigen, sind das Bataille-Monument, das Thomas Hirschhorn in der Kasseler Nordstadt initiiert, und das Projekt von Park Fiction, das 1994 gegründet, das Verbauen der letzten Freifläche im Hamburger Stadtteil St. Pauli zugunsten eines mit der Bevölkerung zu planenden Parks verhinder-

te. Hirschhorn initiiert sein Projekt für die Zeit der Ausstellung mit den Anwohnerinnen und Anwohnern sehr ernsthaft. Er hat sich eine Wohnung im Viertel genommen, wo er bis zur Beendigung seines Projektes wohnt. Die dauerhafte Präsenz vor Ort verschafft ihm den deutlich erkennbaren Respekt der Anwohner, die sich offensichtlich gern engagieren – nicht zuletzt deshalb, weil das Projekt einigen von ihnen bezahlte Arbeit verschafft. Das Bataille-Monument, dem französischen Philosophen Georges Bataille (1897–1962) gewidmet, besteht aus vier provisorisch zusammengezimmerten Spanplatten-Bauten – einer Bibliothek, einem Ausstellungsraum, einem Videoraum und einem Kiosk sowie einer begehbaren Plastik. Den Weg zwischen den Aufbauten weisen Glühbirnen-Schnüre, von der Binding-Brauerei bringt ein eigens eingerichteter Fahrdienst die Besucher/-innen in bunt angemalten Taxis vor Ort. Die Fahrerinnen und Fahrer kommen ebenfalls aus dem Stadtviertel und stimmen die documenta-Gäste auf ihren Besuch in der Nordstadt ein. Für die Zeit der Ausstellung hat Hirschhorn im Abstandsgrün der Hochhaussiedlung einen kommunikativ funktionierenden gemeinschaftlichen Freiraum geschaffen. Dabei ist das keinesfalls die direkte Absicht des Künstlers. Im Gespräch macht er deutlich, dass es ihm darum gehe, andere Menschen an seiner Begeisterung für Bataille teilhaben zu lassen, er sei kein Sozialarbeiter. Im Rahmen des Labels Kunst scheinen dennoch andere Dinge denkbar und schließlich umsetzbar zu sein, als in planerischen, städtischen Rahmenbedingungen. Kunst ist experimenteller, im Falle Hirschhorns temporär, eben ein Versuch – und als solcher relativ ungefährlich für die zuständigen Verwaltungsbehörden. Auf Seiten der zu beteiligenden Anwohner ist ein künstlerisches Event weit unverdächtiger als ein städtisches Beteiligungs- oder Sanierungsprogramm, das oft schon an den nicht überschreitbaren gegenseitigen Hemmschwellen im Vorhinein zum Scheitern verurteilt ist.

Mit genau entgegengesetzten Intentionen, nämlich der dauerhaften Änderung vor Ort, gründete sich 1994 die Künstler/-innengruppe Park Fiction, die sich einer Bürgerinitiative in St. Pauli zum Erhalt der letzten Freifläche des ärmsten Wohnquartiers in Hamburg anschloss. Warum sollten Künstler nicht auch Sozialarbeiter oder Freiraumgestalter sein, fragten sich die Beteiligten und machten sich pragmatisch daran, die Träume der Anwohnerinnen und Anwohner festzuhalten und letztendlich mit zu verwirklichen. Die Künstler entwickelten verschiedene Werkzeuge zum Aufzeichnen der Entwürfe, die alle gesammelt in der documenta-Halle in einer Art Archiv oder Magazin einsehbar sind. Des Weiteren sind dort Einzelentwürfe, von den Anwohnern ausgefüllten Fragebögen, Sitzungsprotokolle und ein Film über den Planungsprozess von Margit Czenki (1997) zu sehen. Die Freifläche wurde nicht bebaut, der Entwurfs- und Umsetzungsprozess läuft weiter. Thomas Hirschhorn macht seine Kunst auf der documenta 11, indem er temporäre Stadtteilarbeit leistet – Park Fiction machen Stadtteilarbeit vor Ort und bringen die Ergebnisse des laufenden Prozesses als Reflexionsangebot in den Kontext der Kunstausstellung zurück. Beide Projekte stellen Interventionen in den Wohn-

und Planungsalltag dar, die weit über den Kunstkontext hinaus wirksam sind. Es gibt weitere Projekte dieser Art zu nennen, beispielsweise das Hugenottenhaus, das auf der documenta 13 zum Ausstellungsort wurde; allerdings Jahre später weiterhin dem Verfall unterliegt.

Die Frage der Nachhaltigkeit stellt sich bei all diesen „funktionalen" Projekten im öffentlich zugänglichen Stadtraum. Was passiert, wenn die Kunst wieder verschwindet? Was passiert, wenn die temporären Installationen abgebaut werden, die Besucher wegbleiben und die positiven Wirkungen des Momentes verpuffen? Werden da nicht lauter Versprechen gemacht, die nicht eingehalten werden? Diese Fragen stellen sich nicht aus dem Kontext der Kunst heraus, sondern aus dem von ihr für eine gewisse Zeit bespielten sozialen Raum. Aus dem Kontext der Kunst heraus ergeben sich ganz andere Fragen: Ist „soziale Kunst" oder „Gebrauchskunst" immer noch Kunst? Das Konzept der autonomen Kunst sieht vor, dass Künstler unabhängig agieren und Kunst keine Funktion, keinen Zweck hat und haben darf. Kann Kunst überhaupt funktionslos sein?

Viele Kunstprojekte nutzen den Bedarf der Gesellschaft an Zeit und Zuwendung wenn sie z. B. von der politischen Elite gemiedene, unpopuläre Themen in Angriff nehmen. Gleichermaßen nutzen sie ihr Recht, eine „Ausnahme" von der Realität zu sein. Für die Kunst gelten andere Regeln. Das kann in manchen Zusammenhängen eine ganz praktische Kombination sein. Die Künstlergruppe „wochenklausur" nutzt ganz unverblümt Gelder aus dem Kunstkontext zur Lösung sozialer Probleme auf Zeit. Einfach nur, um zu demonstrieren, dass es eine Frage von Willen und Mittelkonzentration ist, die zur Lösung führt, führen kann. Oder eben die Abwesenheit von sowohl Mitteln als auch Einsatz vorzuführen, was die Probleme vor Ort immer größer werden lässt. Im Rahmen vieler Soziale-Stadt-Projekte werden Künstler gefördert, um ihre partizipativen Kunstprojekte vor Ort zu realisieren und damit positive Handlungs-Anstöße im Quartier zu geben, manchmal auch, um eine Zeit lang gute Beispiele vorzuleben.

Ein weiterer Blick in die mögliche Tradierungslinie der „RäumeAufZeit" sei aufgrund der örtlichen Koinzidenz noch erlaubt – und zwar zur Aachener Avantgarde seit 1964. Ausgehend von dem legendären Festival der Neuen Kunst am 20. Juli 1964 wird Aachen zu einem der Kunstzentren der Bundesrepublik. Der Einladung des ASTA-Kulturreferenten Valdis Abolins der RWTH Aachen folgten u. a. Joseph Beuys, Wolf Vostell und Bazon Brock. Danach gab es eine Reihe politisch motivierter Kunstaktionen, Happenings und Fluxus-Veranstaltungen. Im Sommer 1968 stellten Peter und Irene Ludwig ihre Sammlung der Öffentlichkeit vor, die die Werke der zeitgenössischen internationalen Avantgarde nach Aachen holte und die heute im Ludwig Forum für Internationale Kunst ausgestellt ist. Aachen wurde zu einem Ort kritischer künstlerischer Oppositioneller: „Ihre Haltung war von einem hohen Informationsstand und dem dringenden Bedürfnis geprägt, über den Tellerrand zu schauen, nicht hinterherzulaufen, sondern aktiv Prozesse zu initiieren und gesetzte Grenzen zu überschreiten." (Ludwig Forum

Aachen 2011, S. 15) Hier wurden auch die Grenzen vom Kunstwerk zum Projekt, von dem was ausgestellt zu dem, was gemacht wird überschritten. Happenings, Performances und Aktionen werden die neuen Kunstformen: „zeitbasiert und immateriell" (ebd., S. 16).

Die RaumAufZeit-Projekte stehen formal und inhaltlich in der Tradition vieler der vorgenannten Projekte. Sie bewegen sich im öffentlich zugänglichen Stadtraum und schaffen temporäre Installationen und Interventionen, die sich auf den gefundenen Ort beziehen und oft auch über ihn hinausdenken. Auch ihr Anliegen ist es, vorhandene Muster zu durchbrechen, kleine Störfeuer zu zünden und immer wieder lähmende Routine und Wahrnehmungsschleifen zu durchbrechen. Sie tun das in einem interdisziplinären Zusammenspiel aus bildender Kunst, Projektmanagement, Architektur und Stadtplanung. Vorgehensweise und Auswertung der Projekte sind entsprechend des Entstehungskontextes oft unterschiedlich – was man den umgesetzten Projekten in ihrer Form nicht unbedingt anmerkt. Die Grenzen der beteiligten Systeme und Disziplinen verschwimmen zuweilen im Dialog, werden aber nie ganz aufgehoben. Zu unterschiedlich sind dann eben doch die Fragen nach Funktion, Zweck, Nutzen und Nachhaltigkeit. Architekten, Stadtplaner und Künstler haben unterschiedliche Fragen und Anliegen, Vorstellungen von Kommunikation und auch einen anderen Werkbegriff. Allerdings, und das ist das Spannende, das auch die Raum-auf-Zeit-Projekte zeigen, kann sich viel bewegen, wenn Künstler, Architekten und Stadtplaner die Rollen tauschen und „an den Rändern der Systeme spielen" (de Certeau). Dabei geht es nicht darum, die Arbeit des anderen nachzumachen, sondern sich deren Taktiken und Strategien zu eigen zu machen. Im Falle der Kunst betrifft das in der Regel die Wahl des Sujets, nämlich den Stadtraum und seine gestalterischen Möglichkeiten und Herausforderungen, inklusive der riskanten Rezeption durch eine breite Öffentlichkeit. Stadtplaner und Architekten werden sich eher die Vorgehensweise und Methoden von Künstlern im Stadtraum genauer ansehen und hier Entscheidendes über direkte Kommunikation, Tabubrüche und Improvisation lernen können. Grundlegend ist jedoch, und das ist ein Element, das die Räume auf Zeit im Kern definiert, das In-Bewegung-bleiben. Dabei geht es nicht nur um den Auf- und Abbau der temporären Aktionen und Interventionen. Es geht vor allem auch um die geistige Bewegung, den lebendigen Diskurs, das Verhandeln der Systemgrenzen. Nicht umsonst widmete sich der dritte RaumAufZeit-Band eben diesem. Die Fähigkeit, das Gegebene mit wenigen aber effektiven Mitteln zu hinterfragen, zur Rede zu stellen, vorzuführen oder würdigend hervorzuheben ist eine Kunst für sich und darf als solche ihren Platz beanspruchen – zwischen den Systemen, im Diskurs, in der Bewegung …

WALDLABOR

Ort
Waldlabor Köln
an der Bachemer Landstraße zwischen Haltestelle Stüttgenhof und der Autobahn A4

Datum
Vorbereitung: 10/2015 - 04/2016
Aktion: 17.05. - 21.05.2016

Rahmen
Workshop und Symposium „Spuren lesen und Zeichen setzen" des Lehrstuhls für Landschaftsarchitektur der RWTH Aachen unter Leitung von Prof. Dr. Frank Lohrberg
Lehrveranstaltung
- am Fachbereich Architektur der RWTH Aachen, Lehrstuhl für Landschaftsarchitektur (federführende Projektleitung), Lehrstuhl für Plastik
- an den Fachbereichen Architektur und Bildhauerei der Alanus Hochschule für Kunst und Gesellschaft Lehrgebiet Architektur und Kunst im Dialog, Lehrgebiet Bildhauerei
- an der Fakultät Landschaftsarchitektur und Landschaftsplanung der Technischen Universität München
- an der Fakultät Landschaftsarchitektur, Umwelt- und Stadtplanung der Hochschule für Wirtschaft und Umwelt Nürtingen-Geislingen

Projektbeteiligte
RWTH Aachen, Lehrstuhl für Landschaftsarchitektur (federführende Projektleitung)
Prof. Dr. Frank Lohrberg, Sigrid Tillmanns

RWTH Aachen, Lehrstuhl für Plastik
Joost Meyer

Alanus Hochschule
Prof. Willem Jan Beeren, Lehrgebiet Architektur und Kunst im Dialog
Prof. Dr. Florian Kluge, Lehrgebiet Projektmanagement
Prof. Paul Petri, Lehrgebiet Bildhauerei
Studierende aus dem Studiengang Architektur und Stadtraum

Technische Universität München
Professur für Landschaftsarchitektur regionaler Freiräume (Prof. Dr. Sören Schöbel)
Studierende unter Leitung von M.Sc. Michael Schmölz

Hochschule für Wirtschaft und Umwelt Nürtingen
Fakultät Landschaftsarchitektur, Umwelt- und Stadtplanung
Studierende unter Leitung von Prof. Rainer Sachse

Material
- Weiden und Pappeln des Energiewaldes Köln
- Sisal / Kokos-Bänder
- Sägen, Äxte, Messer, Feilen, Spaten

Förderer
- RheinEnergie AG, Parkgürtel 24, 50823 Köln
- Stadt Köln | Amt für Landschaftspflege und Grünflächen | Forstbetriebsbezirk linksrheinischer Wald Weilerweg 95, 50765 Köln
- Toyota Deutschland GmbH | 50420 Köln

Zitat aus dem Erläuterungsproramm des Lehrstuhls für Landschaftsarchitektur, RWTH Aachen, Prof. Dr. Frank Lohrberg (2016):

„Das Waldlabor Köln wurde 2010 von der Stadt Köln angelegt, um Erfahrungen mit neuen Formen städtischer Waldnutzung machen zu können. Neben den Bausteinen ‚Wandelwald', ‚Klimawald' und ‚Wildniswald' wurde ein ‚Energiewald' aus schnell wachsenden Gehölzen gepflanzt. Diese wurden im Frühjahr 2014 erstmals geerntet und wachsen nun als Stockaustrieb aus den vorhandenen Wurzeln bis zur nächsten Ernte erneut auf. Der Energiewald ist somit bestimmt vom mehrjährigen Wandel zwischen Wachsen und Ernten. Er zeigt sich in einem stetigen Kreislauf jedes Jahr anders: mit jungen, grünen Trieben, als ausgewachsene Plantage, als abgeerntetes Feld von Baumstümpfen usw. In einer Begleitforschung konnte herausgefunden werden, dass die Bevölkerung den Energiewald als Bereicherung des äußeren Kölner Grüngürtels empfindet, die Beerntung aber zunächst kritisch kommentiert. Mit dem Wiederaufwachsen der Gehölze kehrte allerdings innerhalb kurzer Zeit auch die Zustimmung zum Energiewald zurück und ist sogar größer als zuvor. Diese Erfahrung hat gezeigt, dass bewirtschaftete Vegetationsformen durchaus in die Gestaltung der Stadtlandschaft eingebunden werden können. Wichtig ist jedoch eine Kommunikation, die den Energiewald und seine Nutzung erklärt. Bürger sollen den Energiewald nicht nur als grüne Naturkulisse wahrnehmen, sondern diesen sich stetig wandelnden, öffentlichen Ort, der mit den Themen Klima und Energie verbunden ist, begreifen können.

Um dieses Ziel zu unterstützen, konzipiert der Lehrstuhl für Landschaftsarchitektur eine Waldlabor-Werkstatt. Darin sollen die Themen Wachstum, Ernte, Energie und Arbeit in konkrete Gestaltungen des Energiewaldes umgesetzt und in einer abschließenden Ausstellung einer interessierten Öffentlichkeit präsentiert werden. Die Werkstatt soll das Waldlabor zu einem einprägsamen und in seiner Funktion transparenten Ort machen."

In einem mehrtägigen Workshop setzen sich über 30 Architektur- und Landschaftsarchitektur-Studierende der Hochschulen aus Aachen, Alfter, München und Nürtingen künstlerisch mit dieser für sie ungewohnten Form der Pflanzenwelt auseinander. Gleich in mehrerer Hinsicht bot dies den Studierenden eine neue Erfahrung:

Der Wald als Ressource: Sonst gewohnt den Wald als Sinnbild für Natürlichkeit und schützenswerte Umwelt pfleglich zu behandeln und zurückhaltend zu nutzen, durfte nun unter Aufsicht der zuständigen Forstbeamten gesägt, geschnitzt, gebogen, geflochten, geschält und gefällt werden.

Der Baum als Baumaterial: Das Pflanzraster der ca. vier Meter hohen Pappeln und Weiden, ihr Holz, Wurzeln, Stamm und Laubwerk erforderten eine intensive Auseinandersetzung mit dem ungewohnten Baumaterial und eröffneten neue Möglichkeiten, künstlerisch im vorgegebenen Raum tätig zu werden.

Der Forst als Erholungslandschaft: Die Anlage des Waldlabors an sich ist bereits ein landschaftsarchitektonisches Experiment: Wie kann eine zweckorientierte Kurzumtriebsplantage Teil der Erholungslandschaft des Kölner Grüngürtels werden? Wie werden neue

Waldformen im urbanen Raum von der Bevölkerung angenommen? Und: Wie kann eine solche Anlage bewirtschaftet werden? sind Fragen, die dort untersucht werden. Durch die künstlerische „Überarbeitung" kamen weitere Fragen dazu: Welche Möglichkeiten bietet so ein Waldlabor neuartige Räume zu kreieren? Wie können neue Landschaftserlebnisse geschaffen werden? Wie können bewirtschaftete Forstflächen Teil der Stadt-Landschaft werden?

Mit dem mehrtägigen Waldlabor-Workshop „Spuren lesen und Zeichen setzen" konnte unter Einbindung mehrerer Experten an diesen Fragen gearbeitet werden. Eindrucksvoll stellten die Studierenden unter Beweis, was mit dem gegebenen Material alles herzustellen ist: Herausgekommen sind sechs skulpturale Objekte, szenische Interventionen und kleine Eingriffe mit Titeln wie „Weidenhimmel", „Waldkugeln", „Kubus", „Der Tunnel", „Wald-Allee" und „waldRAUM komprimiert". Am Präsentationstag – und mehrere Wochen danach – konnten die Kunstwerke von der interessierten (Fach-) Öffentlichkeit bewundert und eigenständig erkundet werden.

Es ist klar geworden:
Das Waldlabor eröffnet völlig neue Möglichkeiten in der Mischung von Bewirtschaftung und Gestaltung von urbanen Grünräumen. Wenn auch vieles im Kölner Projekt tatsächlich nur „Labor"-Charakter hat und von dauerhaften Lösungen noch entfernt ist, so ist doch mehr als deutlich geworden, dass die enormen Potentiale des neuen Landschaftstyps noch lange nicht ausgeschöpft sind.

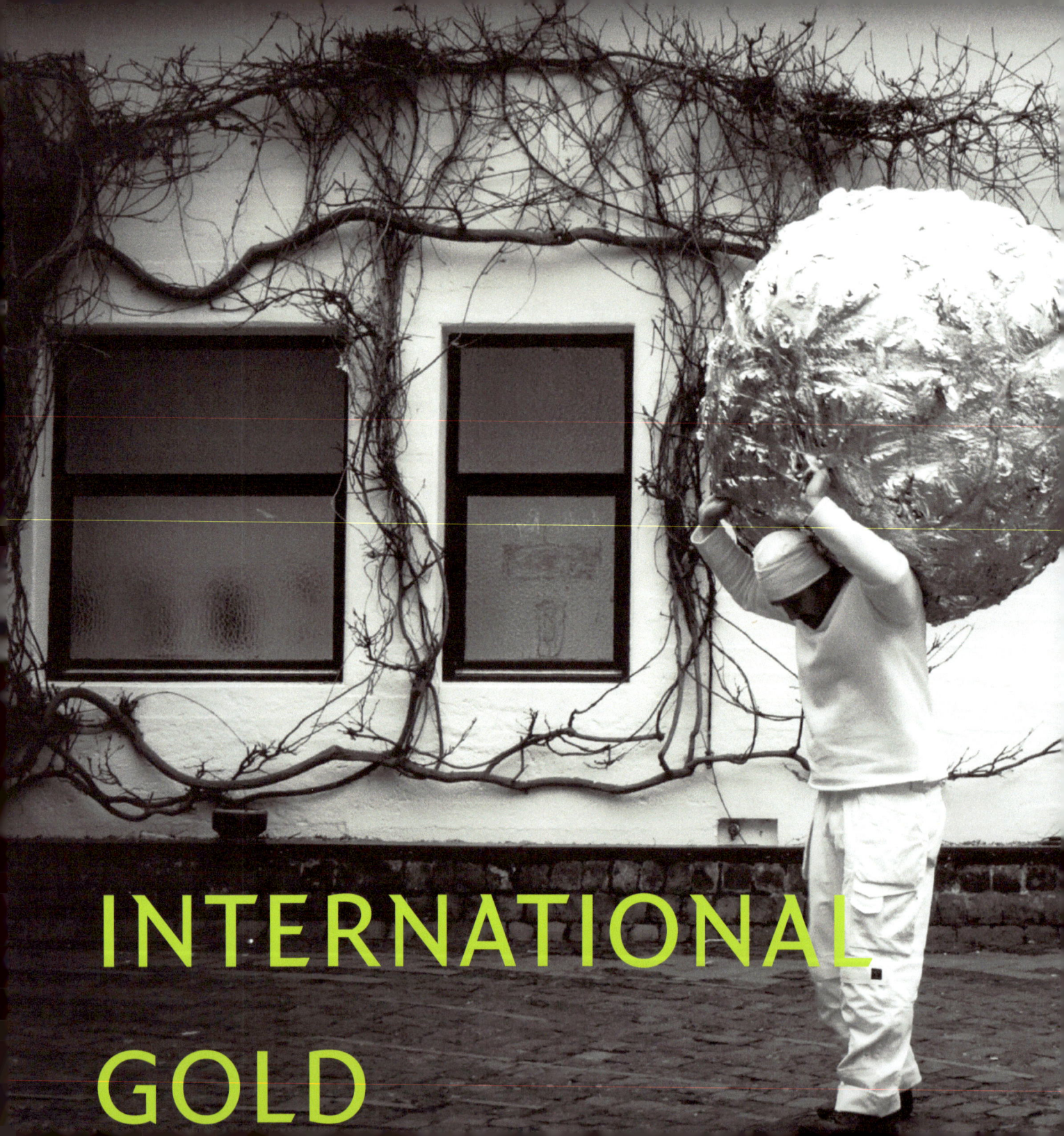

Ort
Johannishof
53347 Alfter

Datum
Vorbereitung: 01/2014 - 03/2014
Aktion: 04.06. - 06.04.2014

Rahmen
„augen.blick.mal – Tage der offenen Tür" der Alanus Hochschule für Kunst und Gesellschaft, Alfter

Projektbeteiligte
beispielhaft.com
Prof. Willem-Jan Beeren
Ludger Krause-Sparmann
Prof. Paul Jonas Petry

Material
- 600 qm Rettungsdecken
- 2.000m transparentes Klebeband
- Klebeabroller, Dachlatten, Tacker, Sonnenbrillen
- Leiter

Förderer
Alanus Hochschule für Kunst und Gesellschaft

Der Innenhof des Johannishofes, einem der beiden Hauptstandorte der Alanus Hochschule für Kunst und Gesellschaft in Alfter, bildet für die Künstlergruppe beispielhaft.com seit 2005 jährlich zu den Tagen der offenen Tür eine experimentelle Spielwiese. Immer wieder wird versucht, mit einfachen Materialien möglichst raumgreifend und atmosphärisch zu bauen und den Raum temporär zu verändern. 2014 entschieden wir uns dafür, mit handelsüblichen goldsilbernen Rettungsdecken den gesamten Innenhof auszukleiden. Über zwei Tage konnte man mitverfolgen, wie sich nach und nach der vertraute Raum in ein goldendes Kleid hüllte, architektonische Details unter einer Schicht aus sanft geschwungenen Folien verschwanden und sich eine knisternde Klangkulisse aufbaute. Durch die Sonne noch verstärkt betrat man nach Fertigstellung eine phantastisch-surreale Gold-Landschaft, die einen warm umhüllte. Dieser Effekt war umso stärker, als auch der gesamte Boden mit goldener Folie ausgelegt und damit der reale Raum komplett verwandelt wurde. Die goldende Farbe vermittelte eine edle und kostbare Stimmung, die sich auf das fast demütige Verhalten der Menschen in diesem Raum unmittelbar auswirkte.

Zum Abschluss des Projektes wurden alle Folien nach und nach wieder entfernt und zu einer immer größer werdenden Kugel komprimiert. Dabei vollzog sich eine vollständige Umstülpung von Umraum zu Punkt und Umkehrung der Farblichkeit, da nun mit der silbernen Rückseite der Folie eine ganz andere Stimmung zum Vorschein kam.

Insgesamt hat sich gezeigt, wie unter minimalem Materialeinsatz (eine Rettungsdecke von 160x201cm wiegt 60gr.) eine maximal raumverändernde Wirkung erzielt werden kann, die viele Sinne und das Wahrnehmen sehr anspricht.

45

Ort
Sanierungsgebiet Vierplätzchen-Viertel
Bleigasse, 53879 Euskirchen

Datum
Vorbereitung: Sommersemester 2013
Aktion: 29.06.2013

Rahmen
Geplante Sanierungsmaßnahmen im Rahmen des Programms Soziale Stadt

Projektbeteiligte
Dr. Ulrich Berding
(Zum Zeitpunkt des Projekts: Lehrstuhl für Planungstheorie und Stadtentwicklung)

Studierende der RWTH Aachen aus den Studiengängen Architektur und Stadtplanung

In Kooperation mit
HJPplaner – Heinz Jahnen Pflüger
Stadtplaner und Architekten Partnerschaft
Kasinostraße 76a, 52066 Aachen

Material
- 800 Luftballons
- 800 LED-Luftballons
- 800 Steine
- 1200 m Schnur
- 1892 ml Hi-Float Heliumballonbehandlungsgel
- 2 50-Liter-Ballongas-Helium-Mietflaschen (9,2m³)
- 1 Musikanlage

Förderer
HJPplaner – Heinz Jahnen Pflüger
Stadtplaner und Architekten Partnerschaft
Kasinostraße 76a, 52066 Aachen

Leerstand, vernachlässigte Häuser, unattraktive Straßen und Plätze, aber auch soziale Benachteiligungen und Ungleichheiten – die Probleme am Rande der Euskirchener Innenstadt sind vielfältig. Um das Viehplätzchenviertel wieder zu einem lebendigen Teil der Innenstadt zu machen, sind im Rahmen des Programms „Soziale Stadt NRW" seit 2007 von der Stadt Euskirchen mit Förderung des Landes Nordrhein-Westfalen einige umfassende Sanierungs- und Aufwertungsarbeiten durchgeführt worden. Es wurden bauliche Missstände im Viehplätzchenviertel behoben, die öffentlichen Räume neu gestaltet und das soziale Miteinander gefördert.

2013, also nach sechs Jahren Programmlaufzeit, wurden viele Maßnahmen schon umgesetzt, aber es blieb noch einiges zu tun. Auf dem Plan stand der Abriss einer Gewerbehalle an der engen und dunklen Bleigasse, um Raum für eine kleine Grünanlage zu schaffen. Nun sollte die Bevölkerung auf diese noch anstehende Baumaßnahme im Kern des Sanierungsgebietes aufmerksam gemacht werden.

Bereits vier Jahre zuvor hatten Studierende der RWTH Aachen – angehende Architekten und Stadtplaner – auf die beginnenden Verbesserungs- und Aufwertungsmaßnahmen eingestimmt. Die Aktion „Grüner wird's nicht" ist im ersten Band der RaumAufZeit-Reihe dokumentiert.

Das Ziel der nun durchgeführten Aktion war sehr klar umrissen: Es sollte eine nächtliche Lichtinstallation konzipiert und umgesetzt werden, die mit besonderen Leuchteffekten Licht in die finstere Bleigasse in Euskirchen bringt. Aufgabe der Studierenden war es also, Ideen für eine effektvolle Lichtaktion zu entwickeln. Die beste Idee wurde dann gemeinsam vor Ort umgesetzt. Hierbei kooperierte der Lehrstuhl für Planungstheorie und Stadtentwicklung wie schon 2009 mit dem Planungsbüro HJPplaner Aachen als Sanierungsbeauftragten. Dies ermöglichte auch ein Budget von 1000 Euro für die Deckung der unvermeidlich anfallenden Material- und Transportkosten.

Aus mehreren Vorschlägen ausgewählt wurde das Konzept „High.Lights" der Studierenden Constantin HK Boss und Anna Katharina Haupt. Idee war es, einen verschlungenen Weg aus leuchtenden und nicht leuchtenden mit Helium gefüllten Ballons zu schaffen. Die leuchtenden LED-Ballons sollten die Bleigasse in ein stimmungsvolles Licht tauchen und der Pfad dazu einladen, sich einander zu begegnen und die Gasse einmal nicht auf dem schnellsten und kürzesten Weg zu durchschreiten, sondern sich zur Abwechslung einmal Zeit zu lassen. Um den unmittelbaren Bezug zum Ort zu erhöhen, sollten die Ballons mit Bruchstücken des alten Euskirchener Stadttores am Boden gehalten werden, dessen Reste bei den derzeitigen Bauarbeiten gefunden wurden. So sollten die Besucher am Ende der Aktion die Gelegenheit erhalten, einen oder mehrere Ballons mitsamt einer Erinnerung an ihre Stadt mit nach Hause zu nehmen.

Am 29.06.2013 wurde die Aktion genau in der vorgesehenen Weise von der 13-köpfigen Studierendengruppe umgesetzt. Die größte Herausforderung war

das Befüllen der Luftballons – Profis schaffen 100 Ballons pro Stunde, die Studierenden kamen auf immerhin 60. Damit sie das Gas lange halten, wurden die Ballons von innen zunächst mit speziellem Gel verdichtet. Nach der Befestigung an der mit dem Mauerbruchstein versehenen Schnur wurde dann jeder einzelne Ballon so in der Gasse angeordnet, dass sich der gewünschte Weg sowie der imaginierte visuelle Effekt ergab.

Weniger eine Herausforderung, sondern eher eine – zumal für eine „Nachtaktion" – spezielle Rahmenbedingung bestand im Termin der Aktion, die dem Semestertakt geschuldet war. Der 29. Juni liegt nur acht Tage nach Sommeranfang und gehört damit naturgemäß zu den längsten Tagen im Jahr. So richtig dunkel war es daher erst gegen 23 Uhr.

Umso erfreulicher für alle Beteiligten war die große Resonanz der Euskirchener Bevölkerung. Trotz der späten Stunde und trotz des schlechten Images der dunklen Bleigasse kamen die Euskirchener in Scharen und genossen bei sanfter Musik und einem Glas Wein die erstaunliche, geradezu magische Atmosphäre der sanft wogenden und im Dunklen leuchtenden Kugeln.

Damit war ein ganz zentrales Anliegen der Aktion erreicht: Die Euskirchener Bevölkerung sollte Anlass und Gelegenheit bekommen, das Viehplätzchenviertel in einem anderen, einem besseren Licht zu sehen. Dieses so entstandene positive(re) Bild sollte sich über die Nacht hinaus in den Köpfen möglichst vieler Euskirchener festsetzen. Denn wie für so viele sozial benachteiligte Quartiere besteht auch für das Viehplätzchenviertel ein entscheidendes Problem im negativen Innen- und Außenimage. Die Aktion „Night. Action" konnte – auch mit den dadurch angestoßenen Presseberichten – dazu beitragen, das Viehplätzchenviertel als besonderen Ort und als Ort der hoffnungsvoll stimmenden Veränderung wahrzunehmen.

Ort
„Baukulturstelle" des Vereins Dorfentwicklung Dingden e.V.
Weberstraße 19, 46499 Dingden

Datum
Vorbereitung: 07/2014 - 10/2014
Aktion: 09.10 - 11.10.2014

Rahmen
Forschungsprojekt „Baukultur konkret"
Im Auftrag des Bundesinstituts für Bau-, Stadt- und Raumforschung (BBSR), im Bundesministerium für Umwelt, Naturschutz, Bau und Reaktorsicherheit (BMUB)
Begleitet von der Bundesstiftung Baukultur

Projektbeteiligte
Prof. Dr. Florian Kluge
(Alanus Hochschule, Lehrgebiet Projektmanagement)
Prof. Swen Geiss
(Alanus Hochschule, Lehrgebiet Architektur und Ressourcen)
Dipl.-Ing. Miriam Hamel
(Alanus Hochschule, Fachbereich Architektur)
Forschungspartner der Arbeitsgemeinschaft Baukultur konkret:
Büro für urbane Projekte, Leipzig
Björn Teichmann, Wolfram Georg, Andreas Paul
LandLuft, Verein für Baukultur in ländlichen Räumen
Thomas Moser

Stipendiaten der Alanus Hochschule im Rahmen des Projekts:
Claudius Bäuml, Peter Baumgardt, Dominique Buchmaier, Avila Dietrich, Simon Koolmann, Julian Meissner, Elias Schley, Sonja Siewert
Verein Dorfentwicklung Dingden e.V.
Agnes Küpper, Irene Hannich, Hildegard Kösters, Ursula Maibom, Thomas Michaelis, Christa Scheper, Monika Scheper, Maria Vierhaus

Material
- 200 Goldene Rettungsdecken
- 25 Rollen Klebeband und Gewebeklebeband
- 100 Heftzwecken

Förderer
Bundesinstitut für Bau-, Stadt- und Raumforschung (BBSR)
im Bundesministerium für Umwelt, Naturschutz, Bau und Reaktorsicherheit (BMUB)
im Rahmen des Forschungsprojekts „Baukultur konkret"

Das „Dingdener Goldhaus" wurde realisiert im Rahmen des Forschungsprojekts „Baukultur konkret" im Auftrag des Bundesinstituts für Bau-Stadt- und Raumforschung im Bundesministerium für Umwelt, Naturschutz, Bau und Reaktorsicherheit. Das Forschungsprojekt richtet seinen Fokus auf die Arbeit von bürgerschaftlichen Baukultur-Initiativen. Ziel des Projekts war es, Kenntnisse über den Stand dieser Initiativen zu gewinnen sowie die Hindernisse und Beschränkungen ihrer Arbeit zu erfassen. Zudem erhielten zwölf Initiativen vor Ort professionelle Unterstützung bei der Durchführung von baukulturellen Anliegen. In kurzen Intensiveinsätzen half das Forschungsteam dabei, konkrete Erfolge zu erzielen und die Initiativen strategisch weiterzuentwickeln.

Eine der ausgewählten und unterstützen Initiativen war der Verein „Dorfentwicklung Dingden e.V.", der in den vergangenen Jahren vielfältige Baukultur-Aktivitäten in Dingden am Niederrhein realisiert hat. Der 2006 gegründete Verein entstand aus einer Arbeitsgruppe des Integrierten Ländlichen Entwicklungskonzepts (ILEK). Seitdem wurden zahlreiche Projekte initiiert und Veranstaltungen durchgeführt, die rund um die Entwicklung des eigenen Ortes und seiner Bewohner mal mehr, mal weniger Baukultur zum Thema hatten.

Seit 2012 arbeitet der Verein gemeinsam mit der Stadt Hamminkeln, der Regionale 2016 sowie den Büros startklar.projekt.kommunikation und modulorbeat ambitious planers & architects am bisher größten Projekt, der „BauKulturstelle". Durch den Kauf und die Umgestaltung eines denkmalgeschützten, zurzeit unbewohnten Lehrerhauses sollen Verein und Baukultur ein neues Zuhause in Dingden bekommen. Dort sollen auch die weiteren Ideen des Vereins geplant und realisiert werden: Runde Tische mit Baukulturexperten, Architektursprechstunden, geführte Dorfspaziergänge, Plattformen für Foren, Ausstellungen, Diskussionsrunden und außerschulische Lernorte.

Im Rahmen des Forschungsprojekts „Baukultur konkret" wurde von 9.11. - 11.10.2014 unter Einbindung von (Prozess-)Architektur-Studenten der Alanus Hochschule aus Alfter ein gemeinsamer Intensiv-Workshop durchgeführt, der an die bisherigen Aktivitäten anknüpfte, deren Themen aufgriff und Perspektiven für die Zukunft entwickelte. In Gesprächen vor Ort mit dem Verein, der Politik und Verwaltung wurden drei Themenbereiche identifiziert, in denen eine Unterstützung durch das Forschungsteam als hilfreich eingestuft wurde: Dazu gehörten die Entwicklung einer übergeordneten Strategie zur Bündelung der baukulturellen Aktivitäten, die Produktion von Bildern und Visionen für die baukulturelle Entwicklung des Orts sowie die Kommunikationsstrategie für lokale Baukultur.

Einen besonderen Fokus richtete das Forschungsteam aber auf die „Baukulturstelle". Zum Auftakt der gemeinsamen Aktivitäten wurde das – mitten im Ortskern stehende - Haus in goldene Folie eingepackt. Mit dieser temporären künstlerischen Intervention gelang es erfolgreich,

- das sonst häufig übersehene Haus in die Wahrnehmung der Dingdener zu rücken,
- den Wert historischer Bausubstanz im Ortskern zu versinnbildlichen,
- zu den öffentlichen Veranstaltungen im Rahmen des Programms einzuladen und

Ort
Bonn, diverse Plätze in der Innenstadt

Datum
Vorbereitung: 03/2011 - 08/2011
Aktion: 30.09. - 03.10.2011

Rahmen
Zentrale Feierlichkeiten zum Tag der Deutschen Einheit und des Nordrhein-Westfalen-Tages in Bonn

Projektbeteiligte
Alanus Hochschule für Kunst und Gesellschaft
Fachbereich Architektur
Prof. Willem-Jan Beeren
Lehrgebiet Architektur und Kunst im Dialog
Fachbereich Bildende Kunst
Prof. Dr. Ulrika Eller-Rüter
Fachgebiet Malerei
Studierende der Architektur und der bildenden Kunst

Material
- 200 Sprühdosen, unterschiedliche Farben
- 300 Sprühcaps, unterschiedliche Breiten
- 100 Latexhandschuhe
- Abdeckfolien, Kreppband, Kartonagen

Förderer
Stadt Bonn, Amt des Oberbürgermeisters
Berliner Platz 2 | 53111 Bonn

Auf Einladung des Oberbürgermeister Jürgen Nimptsch haben Studierende der Alanus Hochschule die Möglichkeit erhalten, eine künstlerische Intervention im Bonner Stadtgebiet zu veranstalten.

Die Bundesstadt Bonn besitzt im Stadtgebiet ca. 150 Strom- und Telekommunikationskästen, die nach aussen hin als „Grey Box" das Bild der Stadt unterschwellig prägen. Diese Objekte der technischen Notwendigkeit, nach logischen und logistischen Gesichtspunkten gesetzt, zu einem virtuell-realen Netz zusammengeschaltet, bilden nach innen jedoch das Traggerüst der digital-elektronischen Gesellschaft, ohne das nichts mehr geht in der bunten Welt der ständigen Echtzeit. In der Wahrnehmung unserer Umwelt blenden wir diese und andere Objekte als ständiges Grundrauschen aus und schalten auf „stand by".

Fühlen sich Künstler und Architekten herausgefordert, diese Objekte einer bewußten (und übergeordneten?) Gestaltung zu unterziehen, sie wieder in die Erlebbarkeit zu holen?

Insgesamt ca. 50 Studierende der bildenden Kunst und Architektur haben diese Objekte künstlerisch „unter Strom" gesetzt: Ausgehend von phänomenologischen Feldstudien erarbeiteten sie zunächst eine gemeinsame Interventionsstrategie, die am ersten Oktober-Wochenende im Rahmen des zentralen „Deutschlandfestes" anlässlich des Tages der Deutschen Einheit umgesetzt wurde. In Kleingruppen entwickelten die Studierenden für selbst ausgewählte Standorte spezifische Logos, die als „branding" mithilfe Kartonschablonen auf farblich vorbereitete Stromkästen „getagged" wurden. Dabei entstanden zum einen malerische Farbakzente im Bonner Stadtbild, zum anderen entwickelten sich kleine Geschichten zwischen Logo, Umgebung und dem Betrachter. Mal ironisch, mal dokumentarisch, mal offensichtlich, mal versteckt regten die aufgeladenen Kästen zum Innehalten ein im sonst vorbeiziehenden Strom der Passanten.

Ursprünglich war vorgesehen, daß die Kästen nach dem Fest durch die Stadt wieder in ein neutrales Grau zurückversetzt werden. Aus verschiedenen Gründen hat das bislang nicht bei allen geklappt, so daß noch heute der ein oder andere Farbklecks an die gelungene Aktion erinnert, auch wenn sich zum Teil mittlerweile andere Informationsschichten darüber gelegt haben.

Ort
Ludwiggalerie Schloss Oberhausen
Konrad-Adenauer-Allee 46, 46049 Oberhausen

Datum
Vorbereitung: 01/2015 - 05/2015
Ausstellung: 10.05. - 13.09. 2015

Rahmen
Beitrag zur Beitrag zur Ausstellung „Green City. Geformte Landschaft – Vernetzte Natur. Das Ruhrgebiet in der Kunst"
in der Ludwiggalerie Schloss Oberhausen, kuratiert von Nina Dunkmann
Masterarbeit von Max Wester am Fachbereich Architektur
der Alanus Hochschule für Kunst und Gesellschaft
betreut am Lehrgebiet Architektur und Kunst im Dialog
und am Lehrgebiet Projektmanagement
Villestraße 3, 53347 Alfter

Projektbeteiligte
Max Wester
(Master-Student an der Alanus Hochschule für Kunst und Gesellschaft)
Prof. Willem Jan Beeren
(Alanus Hochschule, Lehrgebiet Architektur und Kunst im Dialog)
Prof. Dr. Florian Kluge
(Alanus Hochschule, Lehrgebiet Projektmanagement)
Unterstützt durch Claudius Bäuml und Balthasar Moos
(Alanus Hochschule, Fachbereich Architektur)

Material
- 400 Rollen Alufolie à 30 cm Breite, 20 m Länge
- 400 Drahtbügel (handelsübliche Kleiderbügel)
- 130 lfm Wildzaun, Höhe 120 cm Maschenweite 10 x 10cm
- Ergänzende Materialien zur Befestigung des Zaungeflechts unter der Decke, u.a. Kabelbinder oder Draht

Förderer
Ludwiggalerie Schloss Oberhausen

Die Masterarbeit „STRUKTURwandel" kam auf Einladung der Ludwig Galerie Schloss Oberhausen zustande, die sich einen Beitrag des Fachbereichs Architektur der Alanus Hochschule zur Ausstellung „Green City" wünschte. In Vorgesprächen zwischen der Kuratorin Nina Dunkmann, den betreuenden Professoren Prof. Dr. Florian Kluge und Prof. Willem-Jan Beeren wurde vereinbart, Entwurf, Organisation und Aufbau der gewünschten temporären Installation von Max Wester im Rahmen seiner Masterarbeit realisieren zu lassen.

Die Ausstellung: Die Ausstellung „GREEN CITY. Geformte Landschaft – Vernetzte Natur." wurde vom 10. Mai–13. September 2015 in der Ludwiggalerie gezeigt. Sie thematisierte mit den Straßen, Wasserwegen, Bahntrassen und Überlandleitungen die großen Schneisen, die das Bild der Region Ruhrgebiet prägen. Die Ausstellung sollte die ungewöhnliche und komplex vernetzte Landschaft der Ruhr-Region durch den künstlerischen Blick visualisieren.

Die Installation „STRUKTURwandel" – als ein Beitrag der Ausstellung – sah vor, von der Decke der „Vitrine" – dem gläsernen Eingangsfoyer der Ludwiggalerie – in einem in der Dichte variierenden Muster mehrere hundert Bahnen Alufolie abzuhängen, die ein gesamtheitliches Bild, eine veränderte Geräuschkulisse und eine neue Raumstruktur erzeugen.

Thema, Titel und Idee der Ausstellung „Green City" aufgreifend, wurde mit einem einerseits im Ruhrgebiet hergestellten, andererseits immer wieder kontrovers diskutierten Industrieprodukt gearbeitet: Alufolie. In der Herstellung sehr energieaufwändig, so ist die Folie doch entweder direkt wiederverwendbar oder vollständig recycelbar. Die Verwendung der Folie war daher weniger als Provokation sondern vielmehr als eine Bezugnahme zur lokalen Produktion und Standortdiskussion und als Aufforderung zu verstehen, tatsächliche Ökobilanzen von Materialkreisläufen zu hinterfragen.

Die gewählte Form der langen Streifen griff die in der Ausstellung thematisierte Besonderheit der Strukturen des Ruhrgebiets auf: Einerseits durchschnitten von Stromtrassen, Straßen, Leitungsführungen, Bahnen und Wasserwegen. Andererseits verbunden durch Achsen, vernetzt, ineinander verschlungen und untrennbar verwoben.

Die Alustreifen – lineare Bänder und Strukturen. Jedes für sich in Bewegung, von Menschen beschwingt, die sich – das Kunstwerk betrachtend - durch sie hindurch bewegen und doch einen gesamtheitlichen Körper, eine Einheit bildend, der sich in gegenseitiger Interdependenz verändert.

Die Dichte der Bänder variierte, um die Körperhaftigkeit und Topographie der Kunst-Landschaft herauszuarbeiten. Die Länge der Alubänder wurde unterschiedlich ausgelegt, teilweise bodenlang, dann wiederum in verschiedenen Höhen bis Übermannshöhe abgestuft. Die Unterseite der Installation bildete dadurch eine eigene Topographie, die von unten ablesbar und begehbar war. Die linearen Strukturen verwuchsen zu einer organischen Einheit, die geschwungene Formen, harmonische Übergänge aber auch Brüche und Stufen bildete – ein von Menschen geschaffenes, industriell geformtes und künstlich-natürliches Raumprofil mit Wellen, Schwüngen und Verwerfungen. Wie das Ruhrgebiet: Eine Region, bewegt von der Energie einzelner Menschen, die hier leben und arbeiten und doch eine

gesamtdynamische Einheit bilden, wobei die industriell überformte und linear zerschnittene Landschaft ein einzigartiges topografisches Raumgeflecht formt. Mit dem einfachen Material- und Konstruktionskonzept entstand eine Installation mit räumlich prägnanter Wirkung. Die Intervention schuf neue temporäre Räume, erzeugte Kontraste und zeigte Verbindungen auf. Von außen sichtbar, von innen zusätzlich erlebbar produzierte das Kunstwerk neue Bilder, regte zur Diskussion an und lud in die Ausstellung ein. Die reflektierende Wirkung der Alustreifen, die durch Windzug, Aufzugbewegung oder durch Betrachter ausgelöste träge Bewegung sowie die knisternde Geräuschkulisse veränderten das Raumgefüge spürbar und erzeugten ein dynamisches, facettenreiches, wechselhaftes Bild, das beim Besucher nachhaltigen Eindruck hinterließ. Der Titel „STRUKTURwandel" griff sämtliche vorherigen Aspekte auf: Das Material, das sich in seiner Struktur während der Ausstellung wandelte, die Form, die einerseits strukturiert, andererseits wandelbar war und der Bezug zum Ruhrgebiet: eine künstlich überformte Stadt-Naturlandschaft, die sich im steten Wandel befindet und doch eine einzigartige gesamtheitliche Struktur bildet, die es nirgendwo sonst noch einmal in dieser Form gibt. STRUKTURwandel eben.

Ort
Zeche Zollverein
Außenanlagen vor dem Kammgebäude
Areal C [Kokerei], Kammgebäude [C90]
UNESCO-Welterbe Zollverein, Gelsenkirchener Str. 181, 45309 Essen

Datum
Vorbereitung: 10/2013 - 04/2015
Aktion: 11.05. - 14.05.2014,
Ausstellung: 14.05. - 29.06.14

Rahmen
Installation im Zusammenhang mit der Ausstellung „Produktive StadtLandschaften" des Museums für Architektur und Ingenieurskunst (M:AI).
Lehrveranstaltung am Fachbereich Architektur der Alanus Hochschule für Kunst und Gesellschaft
Lehrgebiet Architektur und Kunst im Dialog
Lehrgebiet Projektmanagement
Villestraße 3, 53347 Alfter

Projektbeteiligte
Prof. Dr. Florian Kluge
(Alanus Hochschule, Lehrgebiet Projektmanagement)
Prof. Willem Jan Beeren
(Alanus Hochschule, Lehrgebiet Architektur und Kunst im Dialog)
Studierende der Alanus Hochschule aus den Studiengängen Architektur und Stadtraum sowie Prozessarchitektur

Material
- 50 km weiße Polypropylenleine
- Stahlprofile zur Verankerung / als Fundamente

Förderer
- M:AI Museum für Architektur und Ingenieurkunst NRW
  Leithestr. 33, 45886 Gelsenkirchen
- Stiftung Zollverein
  Gelsenkirchener Straße 181, 45309 Essen
- Regionalverband Ruhr
  Kronprinzenstraße 35, 45128 Essen
- Emschergenossenschaft
  Kronprinzenstraße 24, 45128 Essen

Anlass für die künstlerische Intervention „NetzWerk" war die Ausstellung „Produktive StadtLandschaften" des Museums für Architektur und Ingenieurkunst (M:AI) in Kooperation mit der Stiftung Zollverein, dem Regionalverband Ruhr (RVR) und der Emschergenossenschaft.

Die Ausstellung im Kammgebäude auf dem Gelände des UNESCO-Weltkulturerbes Zeche Zollverein widmete sich dem Emscher Landschaftspark – dem international anerkannten Landschaftsprojekt zum Umbau einer alten Industrieregion. Sie zeigt ihn als einen Jahrzehnte andauernden Prozess, als ein visionäres Programm, als eine Erholungslandschaft für 5 Millionen Menschen in der Metropole Ruhr und als ein innovatives Gesamtprojekt, an dem ein großes Netzwerk von Beteiligten mitwirkt. Der Emscher Landschaftspark ist kein Park im traditionellen Sinn, er ist vielmehr als Baustein der Stadt- und Regionalplanung zu einem verbindenden Element, einem NetzWerk geworden und verleiht dem Ruhrgebiet eine neue Identität. Er ist wichtiger Faktor des Strukturwandels, macht das Ruhrgebiet als Standort attraktiver und birgt damit ökonomische Chancen für die Region – eine produktive Stadtlandschaft!

Prof. Dr. Florian Kluge und Prof. Willem-Jan Beeren nahmen dies auf Einladung des M:AI zum Anlass, die Gestaltungsaktion „NetzWerk" zu entwickeln. Gemeinsam mit 16 Studierenden des Fachbereichs Architektur der Alanus Hochschule für Kunst und Gesellschaft wurde das Ausstellungsprogramm um eine temporäre Intervention ergänzt, die den Emscher Landschaftspark und die Besonderheit des Ortes Zollverein aufgriff, Aufmerksamkeit für das neu erschlossene Kammgebäude und die Ausstellung weckte und das Ausstellungsthema im Außenbereich des Gebäudes künstlerisch interpretierte.

Über 50km Kilometer Schnur wurden auf dem Rasen vor dem Kammgebäude zu einer großformatigen Netz-Landschaft verwoben, die den Raum neu definierte. Das Raumgeflecht symbolisierte die zentrale Rolle des Emscher-Landschaftsparks, der in der Ausstellung thematisiert wurde: Der Freiraum ist es, der die Städte des Ruhrgebiets in unterschiedlichster Ausprägung miteinander verbindet, verwebt und vernetzt.

Als Baumaterial wurde weiße Polypropylenleine gewählt, die ohne kompliziertes Werkzeug eine Installation mit räumlich prägnanter Wirkung ermöglichte. Farbe, Haptik und Optik des filigranen Materials kontrastierten angenehm mit dem Ambiente des Zollverein-Ensembles.

In enger Zusammenarbeit mit den lokalen Partnern entwickelte das Projekt eine ideale Symbiose zwischen den realen Fragen, Notwendigkeiten und Akteuren der Praxis auf der einen Seite sowie der kreativen Nutzung der Denkfreiräume einer Kunsthochschule auf der anderen Seite.

Ausstellung und Installation waren zudem Teil des Erlebnisprogramms Emscher Landschaftspark, das in Trägerschaft des Regionalverbandes Ruhr viele Touren, Führungen und inszenierte Picknicks zur Erkundung des Parks anbot.

Ort
Wilhelmplatz
57334 Bad Laasphe

Datum
Vorbereitung:
Vorbereitung Pilzwald 1: 04/2012 -05/2012
Vorbereitung Pilzwald 2: 10/2013

Aktion Pilzwald 1: 01.08 - 08.06.2012
Aktion Pilzwald 2: 25.10. - 26.10.2013

Rahmen
„Neue Sicht auf alte Plätze – Bildhauersymposium Wittgenstein". Ein Projekt der TKS, Tourismus Kultur und Stadtentwicklung Bad Laasphe GmbH im Rahmen des Landeswettbewerbs „Ab in die Mitte – die City-Offensive NRW" des Ministeriums für Bauen, Wohnen, Stadtentwicklung und Verkehr des Landes Nordrhein-Westfalen

Projektbeteiligte
beispielhaft.com:
Prof. Willem-Jan Beeren
Dirk Hellings
Ludger Krause-Sparmann
Jan Moritz Stahl
Rafael Hildebrandt
Elias Schley-Cores
TKS Tourismus Kultur und Stadtentwicklung Bad Laasphe GmbH:
Nicole Ann Habich-Pfeifer
Sparkasse Wittgenstein
Kulturring Bad Laasphe e.V.
Bürgeraktionsgemeinschaft Schöne Altstadt e.V.
Turnverein Bad Laasphe
Weitere Privatpersonen

Material
- 1.500 Dachlatten
- 20.000 Schrauben
- Stahl-/Betonfundamente
- Hubsteiger, Leiter

Förderer
- TKS Tourismus Kultur und Stadtentwicklung Bad Laasphe GmbH
- Lokale Baufirmen

2012 wurde die Künstlergruppe beispielhaft.com von der Stadt Bad Laasphe eingeladen, mit einer Dachlattenskulptur am 2. internationalen Bildhauersymposium „Neue Sicht auf alte Plätze" teilzunehmen. Neben dem „Haus des Gastes", das im Dachgeschoss das „pilzkundliche Museum" beheimatet, entstand auf dem Wilhelmsplatz in einwöchiger Arbeit ein Aufsehen erregender „Pilzwald", der allerdings nach knapp fünf Monaten einem Siegerländer Herbststurm zum Opfer fiel. Auf Initiative der TKS Tourismus Kultur und Stadtentwicklung Bad Laasphe GmbH konnte eine neue Skulptur errichtet werden, die diesmal kleiner und kompakter (windschnittiger) ausfiel, dafür aber mit vielen Helfern aus der Stadtgesellschaft realisiert werden konnte. Bei der Entwicklung und Realisierung der Objekte konnten wir auf die Erfahrungen aus dem Lattenwald (siehe RaumAufZeit, Band 1) und der Lattenbude (siehe RaumAufZeit, Band 2) zurückgreifen, mussten aber gleichzeitig auf die örtlichen Gegebenheiten eingehen. Während die erste Arbeit sehr raumgreifend mit vorhandenen Raum- und Platzkanten spielte, konzentrierte sich die zweite Skulptur auf eine bestehende Rasenfläche innerhalb der Platzgestalt.

Die Konstruktionsart erlaubt ein sehr intuitives und situatives Arbeiten und ist auch von Laien schnell erlernbar. Nachdem die Punktfundamente und „Stämme" gesetzt und damit der ungefähre Verlauf der Skulptur festgelegt ist, beginnt mit der Verbindung der einzelnen Punkte die kontinuierliche Verdichtung und Fixierung der Form. Mit immer kürzeren Dachlatten können dann Flächen und Konturen ausmodelliert, die Dichte erhöht und die Prägnanz gesteigert werden.

Dabei ist darauf zu achten, dass die Arbeit nicht überformt wird und damit die Lebendigkeit verloren geht.

RE-AKTOR

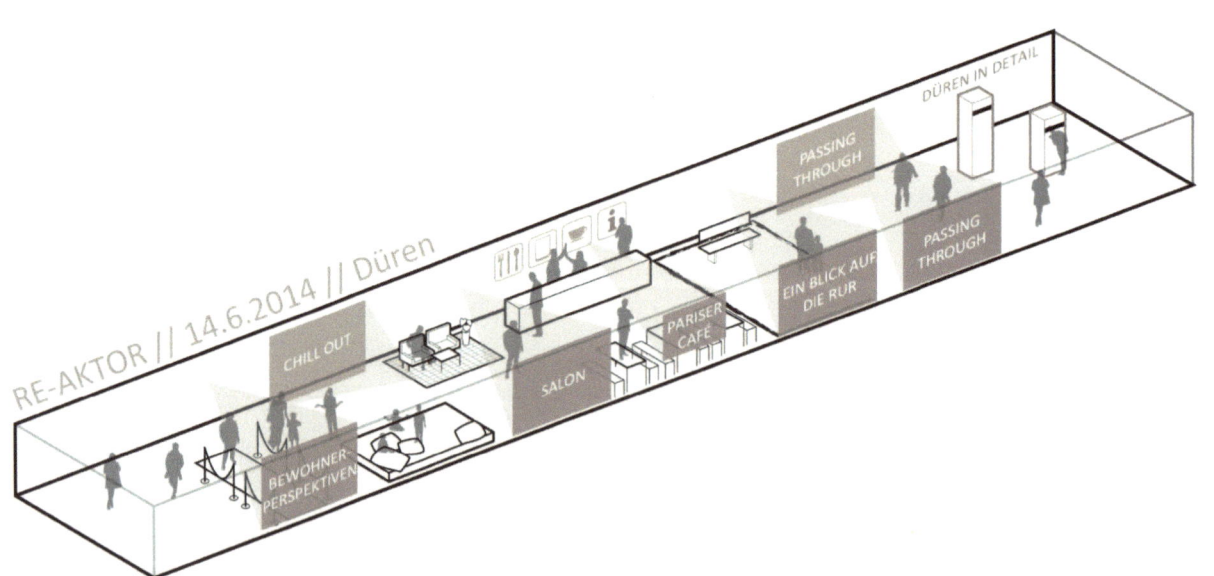

Ort
Bahntunnel zum „Haus der Stadt", Düren

Datum
Vorbereitung: Sommersemester 2014
Aktion: 14. Juni 2014

Rahmen
Masterplanprozess der Stadt Düren,
„Lebensraum Innenstadt 2025"

Projektbeteiligte
Dr. Ulrich Berding
(zum Zeitpunkt des Projekts: Lehrstuhl für Planungstheorie und Stadtentwicklung)

Studierende der RWTH Aachen aus den Studiengängen Architektur und Stadtplanung

In Kooperation mit
HJPplaner – Heinz Jahnen Pflüger
Stadtplaner und Architekten Partnerschaft
Kasinostraße 76a, 52066 Aachen

Material
- 7 Beamer
- 7 Laptops
- 6 Kabeltrommeln
- 1 Rolle (2,80 m breit, ca. 50 m lang) Papier in einer Grammatur von ca. 160 g/m2
- 14 Zurrgurte
- 5 Kissen
- 1 Matratze
- 2 Kopfhörer
- 1 MP3-Spieler
- 9 Paletten
- 4 Meter roter Teppich
- 2 Doppelsitzschalen
- 1 Beistelltisch
- 5 qm Resopalfußbodenbelag
- 5 qm OSB-Platten
- 2 Bierzeltgarnituren
- 1 Parkbank
- 8 qm Rollrasen
- 1 Scheinwerfer
- 4 m roter Teppich
- 4 Absperrkordeln
- 12 l Fruchtsaft
- 24 l Wasser
- 8 l Rotwein
- 8 l Weißwein
- 148 Muffins
- 1 Quiche Lorraine
- 1 Spinat-Schafs-Quiche
- 1 Mohn-Hefezopf
- 1 französischer Zwiebelkuchen
- 1000 weitere Kleinteile

Förderer
- Stadt Düren

Die am Nordrand der Eifel gelegene Mittelstadt Düren mit ihren knapp 90.000 Einwohnern kämpft mit den Herausforderungen des wirtschaftlichen und sozialen Wandels. Vor allem die Innenstadt verlangt nach frischen Ideen zur Revitalisierung. So wie in vielen anderen Städten, schlägt sich der wirtschaftliche, soziale und demographische Wandel im Zentrum deutlich sichtbar nieder: Leerstände, Abwanderung von Unternehmen, Vernachlässigung öffentlicher Räume sowie der Attraktivitätsverlust von Einkaufszonen, sind Symptome und Ursachen zugleich. Mit der Aufstellung eines Masterplans für die Entwicklung der Innenstadt versucht die Stadt Düren, den negativen Trends entgegenzuwirken. Der Masterplan soll eine Vision formulieren und diese im Bewusstsein der Stadt, ihrer Bevölkerung, der Politik und Verwaltung verankern.

Bis die im Masterplan beschriebenen Entwicklungsschritte in den unterschiedlichen Handlungsfeldern der Innenstadtentwicklung wirklich greifen können, werden jedoch noch einige Jahre vergehen. Für die Bevölkerung, aber auch für die Akteure der Innenstadt – Geschäftsleute, Gastronomen, Wohneigentümer, Kulturschaffende, Bildungsträger und viele andere mehr – bleiben die formulierten Ziele und Leitbilder zunächst abstrakt. Eine Herausforderung für die städtischen Planer besteht deshalb darin, möglichst frühzeitig eine Entwicklungsdynamik im Sinne des Masterplans in Gang zu setzen, die von den Bewohnern und den wichtigen Innenstadt-Akteuren unterstützt und getragen wird. Vor diesem Hintergrund hat die Stadt Düren Studierende der Architektur und Stadtplanung der RWTH Aachen gebeten, eine öffentlichkeitswirksame temporäre Aktion in der Dürener Innenstadt zu kreieren. Erklärtes Ziel war es, eine Initialzündung für weitere Aktivitäten zu setzen und Optimismus für einen gemeinsamen Weg in die Zukunft zu verbreiten.

Die 18 Studierenden aus Bulgarien, Tschechien und Deutschland kannten Düren bisher kaum und sahen die Stadt und ihre öffentlichen Räume daher mit großer Neugier und Unbefangenheit. Die Idee zu dieser Aktion wurde im Rahmen eines internen Wettbewerbs entwickelt. Von zehn Konzepten konnte sich die Aktion „RE-AKTOR" durchsetzen. Diese thematisierte eine von vielen Dürenern als unattraktiv und von manchen auch als beängstigend wahrgenommene Bahnunterführung, die den Bereich des Bahnhofs und ZOB mit der innerstädtischen Einkaufslage verbindet. Mit Video-Installationen und unterschiedlichen gestalterischen Eingriffen wurde der dunkle und ungemütliche Tunnel für einen Nachmittag zu einer Chill-Out-Zone, einem Kino, einer Straßenkreuzung, einem Flussufer, einem Salon, einem Café und einem Club. Die Aktion stellt ein Wechselspiel von Kunst, Architektur, Performance und Installation dar. Städtische Atmosphäre und belebte „Urbanität" näherte sich in virtueller Form dem Publikum und forderte die Dürener heraus, ihre Umwelt neu zu entdecken, sie auf neue Art wahrzunehmen und mit ihr zu interagieren. Vorbeilaufende Passanten wurden eingeladen, sich ins Innere der Unterführung zu begeben.

Wie erhofft, schaffte es die Aktion, einen symbolischen Impuls zu setzen, der das Interesse der Dürener Bevölkerung weckte, aber auch Geschäftsleute, Politiker und Kulturträger erreichen konnte. Damit entfal-

Ort
Ihmezentrum Hannover

Datum
Vorbereitung: Sommersemester 2016
Aktion: 19. Juni 2016

Rahmen
Vertiefungsprojekt IUP: Urbane Interventionen – experimentelle Eingriffe in Stadträume, Fakultät für Architektur und Landschaft, Leibniz Universität Hannover

Projektbeteiligte
Dr. Ulrich Berding, planzwei, Hannover und Lehrbeauftragter des Instituts für Umweltplanung, Leibniz Universität Hannover

Studierende der Landschaftsarchitektur und Umweltplanung, Leibniz Universität Hannover

Material
- 12 Dosen Goldlack-Spray
- Heißkleber
- 7 qm Graupappe
- 44 Meter Nylonfaden
- 1 Rolle Gewebeband
- Nägel
- 35 Bilder
- 3 Stehtische
- 1 Tisch
- 14 Flaschen Sekt
- 3 Flaschen Wasser
- 64 Fragebögen

Förderer
- Ca. 200 Gäste, darunter die Spender für die Bilder (380,- Euro für 35 Bilder).

Das Projekt „Urbane Interventionen" eröffnete den Studierenden über einen experimentellen Zugang Lern- und Erkenntnischancen über die Planung, Funktion und Nutzung von Stadträumen. Das Projekt gipfelte in einer von den Studierenden selbst geplanten und umgesetzten temporären Intervention im Stadtraum.

Stadt- und Landschaftsplaner haben den professionellen Anspruch, für soziale, ökonomische, verkehrliche und viele andere Problemstellungen bauliche Lösungen zu schaffen, die eine gewisse Zeit Bestand haben. Die Lebensdauer von Bauwerken wird daher in aller Regel nicht in Stunden und Tagen kalkuliert, sondern in Jahren und Jahrzehnten. Doch gleichzeitig zeichnet sich immer deutlicher ab, dass das (städtische) Leben von einer wachsenden Dynamik und von einer zunehmenden Ausdifferenzierung der Lebensstile, Milieus, Bedürfnisse und Tagesabläufe geprägt ist.

Vor diesem Hintergrund war es naheliegend, diesen dynamischen und kurzfristigen Stadt-Entwicklungen in ebensolcher Weise zu begegnen. Also nicht auf Anhieb die eine Dauerlösung zu finden, sondern – erst einmal – eine einfache und ebenso schnell errichtete wie wieder entfernte Maßnahme umzusetzen. In aller Regel wird diese Intervention auch weitere Informationen über den Ort und die Nutzerbedürfnisse sowie Ansatzpunkte zu möglichen Lösungen liefern.

Bei dieser urbanen Intervention gingen der eigentlichen Aktion mehrere Übungen zum Verstehen der Stadt voraus. Die Studierenden sollten sich aufgrund ihrer Erkenntnisse selbst einen geeigneten Ort für ihre Intervention suchen. Neben einer Annäherung an die „klassischen" Instrumente der Stadtplanung fand eine Auseinandersetzung mit dem Stadt-Raum als Gegenstand vielfältiger Akteurs-Interessen und als Produkt sozialer, ökonomischer, politischer und planerischer Entscheidungen statt. Schließlich sollten in Hannover aktuelle Themen und Orte der Stadtentwicklung identifiziert und beschrieben werden.

Um den Studierenden ein Gefühl für die Möglichkeiten, Herausforderungen und Schwierigkeiten temporärer Interventionen zu vermitteln, wurden kleine Probeaktionen durchgeführt. Diese fanden für 30 Minuten an vier verschiedenen Orten in Hannover statt. Für die Aktion standen allen dieselben Materialien zur Verfügung: ein Eimer, ein Seil und eine Decke. Die Studierenden machten die durchausernüchternde Erfahrung, dass es eine ziemliche Diskrepanz zwischen gewünschter und tatsächlich feststellbarer öffentlicher Aufmerksamkeit geben kann. Eine Schlussfolgerung bestand daher darin, dass die „große" Aktion in ihrem Ausdruck und die eingesetzten Mitteln möglichst klar sein muss – und dass es eine gute Öffentlichkeitsarbeit unerlässlich ist.

Für die abschließende Intervention wurde das Ihmezentrum ausgewählt – ein ebenso riesenhaftes wie mittlerweile marodes und in weiten Teilen heruntergekommenes städtebauliches Großprojekt der 1960er/70er Jahre im Beton-Stil des „Brutalismus". Anfangs noch als Symbol modernen und zukunftsorientieren Städtebaus gefeiert, entwickelte sich das Ihmezentrum bald zum Dauerbrennpunkt in Hannover. Derzeit wird wieder heftig und kontrovers über die

Zukunft des Ihmezentrums diskutiert. Die Szenarien reichen vom Totalabriss bis zur vollständigen Sanierung und Erneuerung.

Die Aktion IHMprEssionen zielte darauf, Publikum ins Ihmezentrum zu holen und damit eine Möglichkeit auszuprobieren, wie die unwirtlichen Orte in dem Zentrum aufgewertet werden können. Eine kulturelle Nutzung der Erdgeschossbereiche zählt immer wieder zu einer gewünschten Aufwertungsstrategie, die sich jedoch bis dato (noch) nicht realisieren ließ.

Ausgangspunkt der studentischen Aktion war die unübersehbare Vielzahl und Vielfalt an Graffiti aller Art an nahezu sämtlichen Oberflächen des Gebäudekomplexes. Fokussiert sich die Wahrnehmung genau hierauf, erscheint das Ihmezentrum als monumentaler und vielschichtiger Ausstellungsraum mit Hunderten von Exponanten. Idee war es nun, die im Ihmezentrum zu findenden Bilder und grafischen Darstellungen an einem Ausstellungsort zu sammeln und als „richtige" Ausstellung zu präsentieren. Hierzu trafen die Studierenden eine aussagekräftigen Auswahl der „Ihme-Kunst", fotografierten diese und setzten die entstandenen Bilder in Goldrahmen. So wurden 35 Kunstwerke mitten im Ihmezentrum in einem – mehr oder weniger – weißen Durchgangsraum für einen Nachmittag ausgestellt. Über facebook & Co. wurde der sonntägliche Termin der Vernissage kommuniziert – und die Resonanz war bemerkenswert: rund 200 Neugierige kamen und staunten über den Kontrast aus marodem Charme des Ortes und bürgerlich anmutender Präsentation der Graffiti-Kunst. Einige von ihnen wurden sogar zu Förderern der Aktion: Gegen einen Spendenbetrag konnten die Exponate am Ende des Tages mit nach Hause genommen werden. Sämtliche Bilder wechselten so den Besitzer. Damit wirken die IHMprEssionen auch nach der öffentlichen Ausstellung im privaten Raum weiter.

Die meisten Besucher machen nach eigener Aussage normalerweise einen großen Bogen um des Ihmezentrum. Umso erstaunter waren viele, dass das Ihmezentrum sogar so etwas wie Atmosphäre entwickeln kann. Und manche lernten das Ihmezentrum neu zu sehen. Hierin liegt die Chance: Wenn das Ihmezentrum in der Öffentlichkeit nicht nur als Problem-Zone, sondern als Ort der Möglichkeiten gesehen wird, können auch neue und ungeahnte Perspektiven entwickelt werden.

● Bienensterben

Candyshock

Ort
Willy-Brandt-Platz, Unkel

Datum
Vorbereitung: 03/2015 - 08/2015
Aktion: 30.09. – 03.10.2015

Rahmen
Baukultur konkret. Ein Forschungsvorhaben des Experimentellen Wohnungs- und Städtebau (ExWoSt) des Bundesinstituts für Bau-, Stadt- und Raumforschung, Bonn im Bundesministerium für Umwelt, Naturschutz, Bau und Reaktorsicherheit, Berlin

Projektbeteiligte
Alanus Hochschule für Kunst und Gesellschaft
Fachbereich Architektur
Prof. Willem-Jan Beeren
Lehrgebiet Architektur und Kunst im Dialog
Prof. Dr.-Ing. Florian Kluge
Lehrgebiet Projektmanagement
Dipl.-Ing. Miriam Hamel
Studierende der Architektur
Entwicklungsagentur Unkel – Kulturstadt am Rhein e.V.

Material
- ca. 100 Stühle von Bürgern der Stadt Unkel
- Lautsprecher, Laptops, mp3-Player
- Scheinwerfer

Förderer
- Entwicklungsagentur Unkel – Kulturstadt am Rhein e.V.
- Stadt Unkel
- Bundesinstitut für Bau-, Stadt- und Raumforschung, Bonn

Dialog zur Baukunst? Dialog der Baukunst! oder Was „kann" eine künstlerische Intervention?

16 Studierende des Fachbereichs Architektur der Alanus Hochschule für Kunst und Gesellschaft Alfter beschäftigen sich fünf Tage mit der Situation auf und um den Willy-Brandt-Platz in Unkel im Rahmen des Forschungsprojektes „Baukultur konkret".

Schnell wird klar: Hier lebt eine wechselhafte Geschichte voller Höhen und Tiefen, glorreicher Zeiten, unsicherer Zukünfte, resignierter Stimmung, engagierter Initiativen! Hier treffen ganz persönliche Fragestellungen und zeitgeschichtliche Dimensionen aufeinander, hier kristallisieren sich Positionen und Meinungen; es entzünden sich Diskussionen.

Ein lebendiger Ort!

Eine künstlerische Intervention, zumal innerhalb von wenigen Tagen entwickelt und umgesetzt, ist kein Allheilmittel zur Lösung aller Probleme, sondern eher vergleichbar einem Spiegel oder einem Seismographen: Sie kann auf Dinge aufmerksam machen, die Augen und Ohren für etwas öffnen, sie kann einen weiteren Entwicklungsschritt ermöglichen oder eine Starthilfe sein.

Am Anfang der Arbeit der Studierenden stand der Dialog – mit Einwohnern von Unkel. Die Eingangsfrage lautete: Wären Sie bereit, uns einen Stuhl zu schenken? Über die Nachfrage, „Wozu braucht Ihr einen Stuhl?", kam man ins Gespräch: Über das Forschungsprojekt, über Baukultur, über Unkel, über Standpunkte. Gesammelt wurden damit nicht nur Stühle, sondern auch Stimmen.

Ein Stuhl markiert den Raum als Ort: Hier bin ich, so sehe ich aus! Zwei Stühle bilden einen Dialog: Hallo Du, wie siehst Du denn aus? Wieso bist Du so weit weg? Komm' doch mal näher... Viele Stühle müssen sich organisieren: Gleiches zu Gleichem? Alles wild durcheinander? Immer schön in Zweierreihen...

Eine Stimme kommuniziert Inhalt als Botschaft: Ich habe etwas zu sagen! Zwei Stimmen bilden ein Gespräch: Wie geht's Dir? Ich möchte auch mal was sagen! Lass' mich bitte ausreden...Viele Stimmen müssen moderiert werden: Ich versteh' kein Wort mehr! Immer schön nacheinander sprechen, bitte. Ah', jetzt haben wir Euch verstanden!

Stühle und Stimmen wurden gesammelt, sortiert, zusammengefasst und positioniert. Es geht dabei um die Sichtbar- und Hörbarmachung dessen, was die Studenten mit Blick von aussen in dieser kurzen Zeit über Unkel erfahren haben. Es geht auch um Humor, denn Humor deckt Einseitigkeiten auf, relativiert sie und bringt sie liebevoll wieder zurück in den Chor der Vielen.

Die Studierenden haben für einen Abend den Raum des Willy-Brandt-Platzes kuratiert. Kuratierung kommt von lateinisch „curare" und bedeutet pflegen, Sorge tragen: Sie haben mit den zur Verfügung gestellten Stühlen den physischen Raum und mit den zur Verfügung gestellten Worten den sozialen Raum gepflegt. Es besteht die Hoffnung, daß diese Pflegemaßnahmen von den Unkelern übernommen werden.

DIE AUTOREN

Prof. Dipl.-Ing. Willem-Jan Beeren
*1975. Willem-Jan Beeren wuchs in den Niederlanden und Deutschland auf und studierte nach dem Abitur in Wuppertal zunächst ein philosophisches Grundlagenseminar in Hamburg, anschließend Holztechnik in Rosenheim, bevor er das Studium der Architektur an der Alanus Hochschule für Kunst und Gesellschaft Alfter mit Abschluss als Diplom-Ingenieur (2003) absolvierte. Von 2003 bis 2006 war er als Projektarchitekt, 2006 bis 2011 als Mitgründer und Mitinhaber eines Planungsbüros mit Projekten im Bereich Projektentwicklung, Schul- und Siedlungsbau sowie Innenarchitektur in Aachen tätig. Ab 2003 war er zudem wissenschaftlicher Mitarbeiter an der Alanus Hochschule für Kunst und Gesellschaft im FB Architektur, seit 2009 auch Fachbereichs-Manager. 2012 erhielt er den Ruf als Professor für das Lehrgebiet Architektur und Kunst im Dialog an der Alanus Hochschule und wurde zum stellvertretenden Fachbereichsleiter gewählt. 2013 wurde Beeren in den Deutschen Werkbund NRW berufen. Er ist Mitgründer der interdisziplinären Künstlergruppe beispielhaft.com sowie des Instituts für Prozessarchitektur (IPA) an der Alanus Hochschule und realisiert in unterschiedlichen Konstellationen Projekte im Bereich Architektur und Kunst im öffentlichen Raum.

Dr.-Ing. Ulrich Berding

*1971. Ulrich Berding studierte 1991 bis 1998 Landschafts- und Freiraumplanung an der Universität Hannover. Im Anschluss an sein Studium war er zunächst in Hannover tätig, um dann 2001 als wissenschaftlicher Mitarbeiter an den Lehrstuhl für Planungstheorie und Stadtentwicklung an die RWTH Aachen zu gehen. Ulrich Berding promovierte 2007, wurde daraufhin zunächst zum Akademischen Rat, 2014 dann zum Akademischen Oberrat auf Zeit ernannt. 2015 wechselte Ulrich Berding von Aachen nach Hannover zum Büro „plan zwei Stadtplanung und Architektur". Ulrich Berdings Themenschwerpunkte sind öffentliche Räume, Stadtentwicklung und soziale Stadt sowie Zuwanderung und Integration im Kontext der Stadtentwicklung. Seit 2015 ist Ulrich Berding Mitglied der Vorstands des Informationskreises für Raumplanung (IfR).

Prof. Dr.-Ing. Florian Kluge

*1971. Florian Kluge studierte 1992 bis 1998 Freiraum- und Landschaftsplanung an der Universität Hannover. Von 1998 bis 2003 war er als freier bzw. angestellter Landschaftsarchitekt im Ruhrgebiet und in Hamburg tätig. 2002-2003 absolvierte er das berufsbegleitende Studium an der Bauhaus Universität Weimar zum Fachingenieur Projektmanagement-Bau und wurde zum Projektmanagement-Trainer zertifiziert. Ab 2003 war er als wissenschaftlicher Mitarbeiter am Lehrstuhl für Landschaftsarchitektur der RWTH Aachen tätig. Nach seiner Promotion 2008 leitete er den Lehrstuhl als Vertretungsprofessor bis 2010. Im selben Jahr erhielt er den Ruf als Professor für Projektmanagement an die Alanus Hochschule für Kunst und Gesellschaft. Seit 2016 ist er dort Gründungsmitglied und Leiter des Instituts für Prozessarchitektur (IPA). Selbständig ist Kluge seit 2003 mit dem Büro „KlugeProjekte" als freischaffender Landschaftsarchitekt, Moderator und Prozessberater tätig. In wechselnden Konstellationen gestaltet er Prozesse und Projekte in Landschaftsarchitektur, Stadterneuerung und Dorfentwicklung sowie Kunstinstallationen und -interventionen.

LITERATUR

DE CERTEAU, Michel (1988): Kunst des Handelns. Berlin

DUNCAN, Carol (1998): „The Art Museum As Ritual". In: Preziosi, Donald (Hrsg.): The Art of Art History: A Critical Anthology. Oxford/ New York, S. 473-485

DYLAN, Bob (1964): The Times They Are A-Changin', 3. Strophe. Auf dem gleichnamigen Al-bum. Produziert von Tom Wilson. Columbia

ENWEZOR, Okwui: Die Black Box. In: documenta 11, Plattform 5: Ausstellung, Katalog, 2002, S. 42-55

HOORMANN, Anne (1990): Die Rolle der Ausstellungsmacher und die Folgen. In: Deutsches Institut für Fernstudien an der Universität Tübingen (Hrsg.) (1990): Funkkolleg moderne Kunst. Studienbrief 11, S. 81-83

KATENHUSEN, Ines (2004): Lebenslust per Ratsbeschluss. Das Experiment Straßenkunst und der Nana-Skandal im Hannover der 1970er Jahre. In: Münkel, Daniela; Schwarzkopf, Jutta (Hrsg.): Geschichte als Experiment. Studien zu Politik, Kultur und Alltag im 19. und 20. Jahr-hundert. Festschrift für Adelheid von Saldern. Frankfurt/ Main

LUDWIG FORUM AACHEN (2011): Nie wieder störungsfrei! Aachen Avantgarde seit 1964. Ausstellungskatalog. 22. Oktober 2011 bis 5. Februar 2012

BILDNACHWEIS

Geleitwort

Foto S. 8
© 2014 Claudius Bäuml
Alanus Hochschule für Kunst und Gesellschaft
Fachbereich Architektur
Villestraße 3, 53347 Alfter
claudius.baeuml@googlemail.com
http://www.alanus.edu/fachbereiche-und-gebiete/architektur/

Einführung

Fotos S. 12, 16, 18, 20
© 2014 Claudius Bäuml
Alanus Hochschule für Kunst und Gesellschaft
Fachbereich Architektur
Villestraße 3, 53347 Alfter
claudius.baeuml@googlemail.com
http://www.alanus.edu/fachbereiche-und-gebiete/architektur/

Waldlabor

Fotos S. 22, 28, 32, 34
© 2016 Hermann Schiefer

Fotos S. 24, 30
© 2016 Florian Kluge
Alanus Hochschule für Kunst und Gesellschaft
Fachbereich Architektur
Villestraße 3, 53347 Alfter
florian.kluge@alanus.edu
http://www.alanus.edu/fachbereiche-und-gebiete/architektur/

Foto S. 26, 29, 31, 33, 35
© 2016 Willem-Jan Beeren
Alanus Hochschule für Kunst und Gesellschaft
Fachbereich Architektur
Villestraße 3, 53347 Alfter
willem-jan.beeren@alanus.edu
http://www.alanus.edu/fachbereiche-und-gebiete/architektur/

international gold

Fotos S. 36-47
© 2014 Willem-Jan Beeren
beispielhaft.com
Gennerstr. 4, 50374 Erftstadt, 2014
info@beispielhaft.com
http://www.beispielhaft.com

HIGH.LIGHTS

Fotos S. 48, 52, 54, 55, 56, 57, 59
© 2013 Nathalie Gozdziak
kister scheithauer gross architekten und stadtplaner
Agrippinawerft 18
Rheinauhafen
50678 Köln
nathalie.gozdziak@gmx.de

Fotos S. 50, 58
© 2013 Constantin Boss
Boss Bau Gmbh & Co.KG
Gaußstraße 10
40235 Düsseldorf
ConstantinBoss@aol.com

Dingdener Goldhaus
Fotos S. 60-73
© 2014 Claudius Bäuml
Alanus Hochschule für Kunst und Gesellschaft
Fachbereich Architektur
Villestraße 3, 53347 Alfter
http://www.alanus.edu/fachbereiche-und-gebiete/architektur/

Unter Strom
Fotos S. 74, 76
© 2011 Willem-Jan Beeren
Alanus Hochschule für Kunst und Gesellschaft
Fachbereich Architektur
Villestraße 3, 53347 Alfter
willem-jan.beeren@alanus.edu
http://www.alanus.edu/fachbereiche-und-gebiete/architektur/

Fotos S. 78-85
© 2011 Nola Bunke
Atelier Nola
Heinsbergstraße 34, 50674 Köln
post@nola-bunke.de
http://nola-bunke.de

STRUKTURwandel
Fotos S. 86, 92
© 2015 Florian Kluge
Alanus Hochschule für Kunst und Gesellschaft
Fachbereich Architektur
Villestraße 3, 53347 Alfter
http://www.alanus.edu/fachbereiche-und-gebiete/architektur/
Fotos S. 88, 90, 94
© 2015 Claudius Bäuml
Alanus Hochschule für Kunst und Gesellschaft
Fachbereich Architektur
Villestraße 3, 53347 Alfter
http://www.alanus.edu/fachbereiche-und-gebiete/architektur/

Fotos S. 93, 95, 97, 98, 99
© 2015 Willem-Jan Beeren
Alanus Hochschule für Kunst und Gesellschaft
Fachbereich Architektur
Villestraße 3, 53347 Alfter
willem-jan.beeren@alanus.edu
http://www.alanus.edu/fachbereiche-und-gebiete/architektur/

Fotos S. 96
© 2015 Max Wester
Wester Mineralien
Heerstraße 41, 53347 Alfter-Witterschlick

NetzWerk
Fotos S. 100, 104, 105, 106, 108, 109, 110, 112-115
© 2014 Claudius Bäuml
Alanus Hochschule für Kunst und Gesellschaft
Fachbereich Architektur
Villestraße 3, 53347 Alfter
claudius.baeuml@googlemail.com
http://www.alanus.edu/fachbereiche-und-gebiete/architektur/

Foto S. 111
© 2014 René Schiffer
Kommunikationsdesign und Fotografie
Drachenfelsstraße 8, 50939 Köln
+49 176. 63 48 80 07
post@reneschiffer.de
www.reneschiffer.de

Fotos S. 102, 107
© 2014 Thomas Postma
Alanus Hochschule für Kunst und Gesellschaft
Fachbereich Architektur
Villestraße 3, 53347 Alfter
http://www.alanus.edu/fachbereiche-und-gebiete/architektur/

Pilzwald
Fotos S. 116-127
© 2013 Willem-Jan Beeren
beispielhaft.com
Gennerstr. 4, 50374 Erftstadt, 2014
info@beispielhaft.com
http://www.beispielhaft.com

RE-AKTOR
Grafik S. 128
© 2014 Jan Dubský
Bärenstraße 19–21
52064 Aachen
jandubsk@gmail.com

Fotos S. 130-139
© 2014 Ulrich Berding
Goebenstr. 14, 30163 Hannover
uberding@me.com

IHMprEssionen
Fotos S. 140-155
© 2014 Ulrich Berding
Goebenstr. 14, 30163 Hannover
uberding@me.com

Dialog der Häuser
Fotos S. 156-163
© 2015 Simon Koolmann
Alanus Hochschule für Kunst und Gesellschaft
Fachbereich Architektur
Villestraße 3, 53347 Alfter
simonkoolmann@googlemail.com
http://www.alanus.edu/fachbereiche-und-gebiete/architektur/

Die Autoren
Fotos S. 164, 165
© 2012 Nola Bunke
Atelier Nola
Heinsbergstraße 34, 50674 Köln
post@nola-bunke.de
http://nola-bunke.de

www.ingramcontent.com/pod-product-compliance
Lightning Source LLC
Chambersburg PA
CBHW040904020526
44114CB00037B/54